基于"互联网+"视阈的大学生创新创业教育研究

韩 光 著

北京工业大学出版社

图书在版编目（CIP）数据

基于"互联网+"视阈的大学生创新创业教育研究 / 韩光著 . — 北京：北京工业大学出版社，2022.3
　　ISBN 978-7-5639-8288-2

Ⅰ . ①基… Ⅱ . ①韩… Ⅲ . ①大学生－创业－研究 Ⅳ . ① G647.38

中国版本图书馆 CIP 数据核字（2022）第 048523 号

基于"互联网+"视阈的大学生创新创业教育研究

JIYU "HULIANWANG +" SHIYU DE DAXUESHENG CHUANGXIN CHUANGYE JIAOYU YANJIU

著　　者：	韩　光
责任编辑：	李　艳
封面设计：	知更壹点
出版发行：	北京工业大学出版社
	（北京市朝阳区平乐园 100 号　邮编：100124）
	010-67391722（传真）　bgdcbs@sina.com
经销单位：	全国各地新华书店
承印单位：	唐山市铭诚印刷有限公司
开　　本：	710 毫米 ×1000 毫米　1/16
印　　张：	9.75
字　　数：	195 千字
版　　次：	2023 年 4 月第 1 版
印　　次：	2023 年 4 月第 1 次印刷
标准书号：	ISBN 978-7-5639-8288-2
定　　价：	72.00 元

版权所有　　翻印必究

（如发现印装质量问题，请寄本社发行部调换 010-67391106）

作者简介

韩光，男，1982年3月生，吉林长春人，毕业于东北师范大学政治学专业。全国万名优秀创新创业导师人才库导师，吉林省高等学校创新创业教育指导委员会秘书长，连续7年组织筹备吉林省"互联网+"大学生创新创业大赛等大学生双创工作。现就职于吉林农业大学教务处，负责实践教学及创新创业教育管理工作，多年负责大学生创新创业训练计划项目运行及管理。其间，学校获得"全国首批深化创新创业教育改革示范高校"等突破性成果。发表学术论文9篇，主持参与课题6项，参与著作写作1部，指导团队获得中国"互联网+"大学生创新创业大赛银奖1项、铜奖1项；指导国家级大学生创新创业训练计划项目2项。

前　言

互联网的迅速发展推动了经济和文化的发展，促进了各国人民的沟通与交流。互联网时代既带来了机遇，又带来了挑战。为了提高我国的经济实力，提升我国的国际地位，除了需要强有力的经济和政治人才的支撑外，我国也需要大力践行"大众创业、万众创新"的创业策略。高校要不断完善创新创业教育机制，培养大学生的创新创业能力，使其具备创新创业的专业素养和拼搏精神，激发大学生的创业热情，保证大学生的才华得到进一步的发挥。

全书共七章。第一章为绪论，主要阐述了"互联网+"的提出背景、"互联网+"的时代特征、大学生创新创业教育基本理论、"互联网+"与大学生创新创业等内容；第二章为大学生创新创业教育的发展历程，主要阐述了大学生创新创业教育的演进历程和大学生创新创业教育的发展趋势等内容；第三章为"互联网+"视阈下大学生创新创业教育课程体系，主要阐述了大学生创新创业教育课程的目标、大学生创新创业教育课程的现状、"互联网+"视阈下大学生创新创业教育课程体系的构建等内容；第四章为"互联网+"视阈下大学生创新创业教育实践教学体系，主要阐述了大学生创新创业教育实践教学体系的现状和"互联网+"视阈下大学生创新创业教育实践教学体系的构建等内容；第五章为"互联网+"视阈下大学生创新创业教育师资队伍建设，主要阐述了大学生创新创业教育师资队伍建设的现状、国内外大学生创新创业教育师资队伍建设经验启示、"互联网+"视阈下大学生创新创业教育师资队伍建设策略等内容；第六章为"互联网+"视阈下大学生创新创业能力的培养，主要阐述了大学生创新创业能力培养的现状、大学生创新创业的能力素质、"互联网+"视阈下大学生创新创业能力的培养路径等内容；第七章为"互联网+"视阈下大学生创新创业教育的发展，主要阐述了大学生创新创业教育的域外经验和"互联网+"视阈下大学生创新创业教育的发展对策等内容。

在本书撰写的过程中，笔者借鉴了国内外很多相关的研究成果以及著作、期刊、论文等，在此向相关学者、专家表示诚挚的感谢。

由于本人水平有限，书中有一些内容还有待进一步深入研究和论证，在此恳切地希望读者朋友予以斧正。

目　录

第一章　绪论……………………………………………………………1
第一节　"互联网+"的提出背景………………………………………1
第二节　"互联网+"的时代特征………………………………………9
第三节　大学生创新创业教育基本理论………………………………10
第四节　"互联网+"与大学生创新创业………………………………22

第二章　大学生创新创业教育的发展历程……………………………25
第一节　大学生创新创业教育的演进历程……………………………25
第二节　大学生创新创业教育的发展趋势……………………………32

第三章　"互联网+"视阈下大学生创新创业教育课程体系…………37
第一节　大学生创新创业教育课程的目标……………………………37
第二节　大学生创新创业教育课程的现状……………………………41
第三节　"互联网+"视阈下大学生创新创业教育课程体系的构建……48

第四章　"互联网+"视阈下大学生创新创业教育实践教学体系……59
第一节　大学生创新创业教育实践教学体系的现状…………………59
第二节　"互联网+"视阈下大学生创新创业教育实践教学体系的构建·62

第五章　"互联网+"视阈下大学生创新创业教育师资队伍建设……81
第一节　大学生创新创业教育师资队伍建设的现状…………………81
第二节　国内外大学生创新创业教育师资队伍建设经验启示………87
第三节　"互联网+"视阈下大学生创新创业教育师资队伍建设策略··101

第六章 "互联网+"视阈下大学生创新创业能力的培养……106
第一节 大学生创新创业能力培养的现状……106
第二节 大学生创新创业的能力素质……115
第三节 "互联网+"视阈下大学生创新创业能力的培养路径……120

第七章 "互联网+"视阈下大学生创新创业教育的发展……130
第一节 大学生创新创业教育的域外经验……130
第二节 "互联网+"视阈下大学生创新创业教育的发展对策……137

参考文献……147

第一章 绪论

本章分为"互联网+"的提出背景、"互联网+"的时代特征、大学生创新创业教育基本理论、"互联网+"与大学生创新创业四部分,主要包括互联网的发展、"互联网+"的出现、创新创业教育的概念界定、创新创业教育的理论基础、大学生创新创业教育的任务、大学生创新创业教育的意义等内容。

第一节 "互联网+"的提出背景

一、互联网的发展

(一)互联网概述

按照"科普中国"百科词条给出的定义,互联网(Internet)又称国际网络,是将计算机网络连接在一起形成的庞大网络,这些网络以一组通用的协议相连,形成逻辑上的单一、巨大、覆盖全世界的全球性国际网络。

互联网的前身是诞生于1969年的美国军方的阿帕网。第二次世界大战后,全球形成了美苏争霸的"冷战"格局,美国和苏联两个超级大国在多个领域展开了激烈的竞争。1957年10月4日,苏联成功发射了世界上第一颗人造地球卫星,引起了美国朝野的震动。当时的美国总统艾森豪威尔由此对美苏全面竞争形势下美国的整体科技水平和国家安全感到严重不安,并表示要把大力发展科学技术和教育作为未来美国国家生活中的"优先选项"。两个月后,艾森豪威尔就亲自向美国国会提出了要建立"国防高级研究计划署"(ARPA,简称"阿帕")的建议。这个建议很快就在国会获得通过,国会为该项目专门批准了高达520万美元的筹备金及2亿美元的项目总预算。

"阿帕"项目的办公地点就设在美国国防部的五角大楼内，其核心机构之一是"信息处理处"，主要进行电脑图形、网络通信、超级计算机等课题研究。在美国政府的高度重视和庞大预算的支持下，"阿帕计划"迅速把人类最顶尖的科技精英组织到一起，网罗了大批年轻的计算机天才。时年二十九岁、有"互联网之父"之称的拉里·罗伯茨出任当时阿帕网项目的负责人。

"阿帕计划"由这群年轻的网络科学家组成了一个"杰出的大脑"，他们在激烈的思想碰撞中，迅速达成了这个关于互联网前身项目的思想共识：必须探索出一条以"革命性的分布"来取代传统的"中心架构"的新思路。"大道至简"。最终，在人类的生活经验中存在了数千年的、渔民用来打鱼的渔网，给了这些精英们以启发和灵感。他们最终决定以"分布式网络"把所有的机器连接起来，而不是采取"建立一个中心节点"的"中心化"的网络架构方案。拉里·罗伯茨事后回忆说，如果互联网创立之初就采用"建立一个中心节点来连接所有机器"的架构方式的话，当初的那个中心节点早就"因为过载而崩溃了"——"如果今天的因特网是中心节点式的，那么我们的中心节点，需要美国整个国家那么大"。

"阿帕网"在美国国防部研究计划署的部署下，首先被用于军事方面的连接。此后，位于美国西南部的加利福尼亚大学洛杉矶分校、斯坦福大学研究学院、加利福尼亚大学和犹他州大学的 4 台主要计算机，才相继连接加入了阿帕网。ARPA 的这个协定在 1969 年 12 月开始实现联机，由剑桥大学的骨干网节点来执行；由美国国家科学基金会资助建设的 NSF 网则是另一个推动互联网发展的广域网，这个 NSF 网连接全美的 5 个超级计算机中心，100 多所美国大学通过这个网络来共享网络资源。

最初的阿帕网，被控制在极小的有限范围之内，只是在上述 4 所美国大学设立了它的节点。一年后，阿帕网在此基础上扩大到了 15 个节点，众多的计算机也被"编织入网"。

1971 年，人类历史上第一封电子邮件通过阿帕网成功发送，开创了人类借助计算机终端展开人际沟通的先河。

1973 年，通过卫星通信技术，诞生了 4 年的阿帕网跨越大西洋，成功实现了与英国、挪威的网络连接，世界范围的网络连接序幕由此开启。此时的阿帕网虽然已经获得了"全球共同语言"，但是，在此后相当长的一段时间里，阿帕网依然保持着它的"贵族身段"——"高高在上"地"蜷缩"在专业人士的圈子里，而与普通公众相距甚远。

第一章 绪论

　　直到十年后的 1983 年 1 月，至今仍在沿用的"TCP/IP"，正式成为人类共同遵循的网络传输控制协议，阿帕网才真正"放下身段"，走向了广泛的应用。阿帕网和 NSF 网最初都是为科研服务的，它们也都采用 TCP/IP 协议，且与互联网相连，其主要目的是为用户提供共享大型主机的宝贵资源——通过 TCP/IP 协议，网络信息可以实现无障碍的统一传输。

　　也就是在同一年，阿帕网完成了自己的历史使命。因为美国法律规定：凡是政府出资的项目，都必须由纳税人来分享项目成果。而现实情况却是，在国防部出资并推动的阿帕网上，出现了大量年轻科学家们的涌入，而这些年轻的科学家本身又与国防和军事项目无关，这就导致了美国军方对可能会出现的"军事机密泄露和网络安全问题"的高度担忧。于是，美国军方建立了自己的军网，并从阿帕网正式分离出来。阿帕网的资金来源，也由"美国国防部研究计划署"变成了"美国国家科学基金会"。于是阿帕网也就正式更名为"互联网"，并逐步向社会开放。

　　随着应用的日益商业化和社会化，互联网在通信、信息检索以及客户服务等方面的潜力才逐步被挖掘出来，越来越多的人也开始把互联网作为通信和交流的工具。一些公司也逐步开始看到互联网的价值，纷纷加入进来，陆续在互联网上开展商业活动，使互联网有了质的飞跃，并最终由美国向全球开放。

　　1987 年 9 月 20 日 20 点 55 分，这是中国网络发展具有历史意义的一刻：根据 TCP/IP 协议，一封名为"跨越长城走向世界"的电子邮件，用英文和德文的形式从中国发送到德国，这是中国首次通过电子邮件与外界交流。中国科学院研究所的许榕生在谈及最初引进互联网的初衷时曾表示，科学院从事的高能物理数据、试验等科研项目，需要国际进行数据共享，但由于距离问题，想要将所有人都聚集在一起，并不现实。很明显，电子邮件解决了这一问题。

　　时任中国科学院副院长的胡启恒回忆中国引进互联网时说，当时，科学家和教授们把共享研究数据的要求，反映给我们，我们就联合清华、北大一起研究，并很快就同意把互联网引进来。于是，中科院联合清华和北大给国务院打申请报告，表示他们要干"引进互联网"这件事儿。然后，国务院批准了他们的建议。一个影响了当今中国的重大决定似乎就在这样"不经意间"确定了下来。

　　1990 年 12 月 25 日，"互联网之父"、万维网发明者蒂姆·伯纳斯－李通过万维网实现了 HTTP 客户端与服务器的第一次网络通信，一个可以真正使用的商用 WEB 网络由此正式构建成功。

在万维网诞生之前，人们所使用的电脑，其操作系统是各不相同的。正是蒂姆·伯纳斯-李利用了假想的"虚拟空间"发明的万维网，才使得各计算机不同的系统之间能够进行数据交换，并由此开辟出人类多彩的网络生活。

在蒂姆·伯纳斯-李之前，关于"文字""符号""声音""图像"的不同文本，已经实现了在计算机和人之间的有效沟通。但在电脑自身硬盘深处以及在不同的电脑网络系统之间，依然还不能进行有效的沟通，依然存在着"数字鸿沟"。最终是蒂姆·伯纳斯-李以其天才的"超文本链接发明"解决了这个难题。所谓"超文本链接"包括"HTTP"（超文本传输协议）和"HTML"（超文本标记语言），是指电脑之间交换信息时所使用的"网络语言"：当你在电脑上点击任意一条网络链接时，你的电脑就会根据你点击的链接而进行自动识别，并进入你想要查看的网络页面，之后它还会利用电脑之间通用的语言与其他计算机进行"沟通"，进而达到访问和信息交互的目的，这就是"HTTP超文本传输协议"。

对于互联网的发展而言，蒂姆·伯纳斯-李的这项发明，具有划时代的意义。此前，起步不久的网络世界，只是专属于极少数人的"领地"，也只有少数的计算机方面的专业人才，才能在无垠的网络空间通过复杂的计算机代码程序来捕捉和搜集自己所需要的信息。这种复杂的问题一直到有了蒂姆·伯纳斯-李编写的这项发明，才得到了简单化的解决方案。蒂姆·伯纳斯-李的"网络语言"使普通人也拥有了与计算机专业人士一样的"网络访问特权"并可以在浩瀚的网络世界里"自由散步"：现在我们每次上网在电脑上键入网址时出现的"http"就是蒂姆·伯纳斯-李发明的"超文本浏览器"及相关协议；而为我们所共知的"www"，就是蒂姆·伯纳斯-李命名的"World Wide Web"，也就是被中文译成的"万维网"。由此，一个伟大的、"面向普罗大众的互联网时代"就这样开启了。

在互联网创立的历史上，我们永远要记住两个人的名字——拉里·罗伯茨和蒂姆·伯纳斯-李。前者实现了互联网"在不同电脑之间的连接"，而后者则"使电脑连接了所有人"。更为巧合的是，这两位天才般的人物在人类的舞台上闪亮登场时的年龄都是二十九岁！这为互联网埋下了创新的"基因"，注定了互联网是属于年轻人的创新领域，也为互联网日后的发展注入了勃勃生机！

1991年，万维网正式诞生，互联网技术的应用开始进入寻常百姓家，世界大部分地区从此逐步开始使用计算机网络。

1994年4月20日，一条64K的互联网国际专线跨过重洋，全功能接入中国，中国由此成为全球第七十七个接入国际互联网的国家，波澜壮阔的中国国际互联网时代由此揭开了序幕。

互联网起源于工业社会的高度发展阶段，在工业文明实现对农业文明的全面超越并向信息文明进发的进程中孕育而生，互联网的诞生是人类文明史上一场划时代的伟大革命。

（二）我国互联网研究动态

互联网自1969年诞生后，在全球各地飞速发展。我国互联网的发展呈三段式：1986年6月到1993年3月是研究试验阶段，一批科研机构和高校开始探索联网技术；1994年4月到1996年是起步阶段，中关村地区在教研示范性网络工程项目中引进互联网，完成了与因特网的TCP/IP连接；1997年之后进入快速增长阶段，网络用户数持续暴增。在新经济常态的背景下，互联网已渗透到各个行业，促进了互联网经济的出现和发展。还有学者提出互联网已演变为一个丰富多样的生态系统的新平台，需要及时更新对互联网概念的认识。新时期中国互联网的发展重点转变为与实体经济融合，新经济形式不断涌现，总体发展水平高于周边国家地区。

自1997年以来，中国互联网络信息中心一直在对国内互联网的发展进行定期调查，截至2021年3月已发布47次调查报告，其中网民数、IP地址数、网站数、域名数等一直是主要的调查指标。刘娟从互联网环境、互联网基础设施、互联网应用和互联网普及率四个方面测评了我国31个省市区的互联网发展水平并进行等级划分，得到了地区间发展不均衡的结果。彭阳阳采用主成分分析的统计测度方法，得出我国的互联网发展水平总体处于一个不断上升的趋势，并呈现一定的阶段性特征；使用柯布－道格拉斯生产函数研究发现，2005年是我国互联网发展水平与经济增长之间关系的分割点，2005年以后我国互联网发展水平对于经济增长存在更加显著的促进作用。李汶沁建立了涵盖外部基础环境、信息通信水平、行业发展效益和应用能力四大方面的互联网经济发展评价指标体系，测度我国31个省市区2011—2015年的发展水平，使用聚类分析等方法从多个角度综合评价了中国互联网经济的发展。王子敏和潘丹丹则是选取了能体现地区互联网发展水平的九个分项指标，使用熵值法加权测算出各地区的互联网发展综合水平并排序，发现在我国互联网发展水平快速提高的同时，区域互联网发展差距呈现出不断扩大的趋势。徐星星利用2017年中国东、中、西部8省市的数据，从网络基础水平、整合发展能力、新生经济效益和协调创新潜力四个维度构建了评价指标体系并实证，结果表明互联网发展水平的地域差异明显存在，以江浙为代表的东南沿海发达地区的水平普遍高于中西部地区，北京、上海成为互联网经济发展的领航者。

（三）互联网发展概况

2021年7月13日，在第二十届中国互联网大会上发布的《中国互联网发展报告（2021）》显示，2020年，在国家网络强国、科技强国战略的引领下，我国互联网相关产业快速发展，网民规模大幅增长，网络基础设施加快覆盖，产业数字化转型效果明显，创新能力稳步提升，信息化发展环境不断优化，数字经济蓬勃发展，网络治理愈发完善，网络强国建设进程取得巨大成就。

从20世纪80年代互联网引入中国，迄今40余年间，中国的互联网基础设施日渐完备，基础资源日渐充实，无论是网络设备、光缆线路长度等硬资源，还是IP地址、域名、网页、国际出口带宽等软资源，都实现了快速增长，极大地满足了互联网行业发展的需要。互联网普及方面，得益于基础设施建设的持续推进和经济高速增长，国内网民规模实现较快增长，截至2020年年底，网民数量达9.89亿，越来越多的人能够享受互联网带来的便利，互联网的普及也为人民生活水平的提升创造了条件。由此，我国的网络应用百花齐放，即时通信、搜索引擎等基础类应用通过拓展使用功能，用户规模和用户黏性都大大增加，商务交易类、网络娱乐类应用不断推陈出新，贯穿我们的工作、学习和生活，还有公共服务类应用极大地便利了人民生活。在高新科技应用方面，人工智能、物联网、区块链等高新科技与互联网产业融合发展，消费、生产、流通领域的应用逐渐普及落地，推动了产业增质提效。我国还十分重视产业数字化转型，正全面推进各行各业数字化改造进程，农业、制造业的数字化水平皆有提升，尤其是服务业已取得显著成效，为行业和企业带来不少发展机遇。随着互联网的繁荣发展，个人信息保护问题开始浮出水面，近些年，国家互联网信息办公室等国家部委加大了网络综合治理力度，相关制度逐渐形成，网络安全防护水平不断提高。纵观我国的互联网发展，我们有理由相信，未来我国的数字化发展将取得更大成就。

二、"互联网+"的出现

在国务院2015年7月公布的"互联网+"行动计划中，对"互联网+"有一个基本的界定："'互联网+'是把互联网的创新成果与经济社会各领域深度融合，推动技术进步、效率提升和组织变革，提升实体经济创新力和生产力，进而形成更广泛的以互联网为基础设施和创新要素的经济社会发展新形态。"

在中国，最早提出"互联网+"概念的是企业家于扬。2012年11月，易观国际董事长兼首席执行官于扬在易观第五届移动互联网博览会的发言中，第一次提出了"互联网+"的理念。他认为，"互联网+"应该是未来各行业的"产品和服务"，是与"多屏全网跨平台用户场景结合"之后产生的一种"化学公式"。每位传统行业的企业家，面对互联网时代，都应该重点思考如何找到自己所在行业的"互联网+"问题。

2015年3月，全国两会在京召开，腾讯公司创始人马化腾在会上正式提交了《关于以"互联网+"为驱动，推动我国经济社会创新发展的建议》的议案，并希望提案能够被国家采纳，使"互联网+"成为"国家战略"。马化腾指出，"互联网+"是指利用互联网的平台、信息通信技术把互联网和包括传统行业在内的各行各业结合起来，从而在新领域创造一种新生态。马化腾建议：要以"互联网+"为驱动，鼓励创新和跨界融合发展，使互联网成为经济社会发展的新引擎。

2015年3月5日，国务院总理李克强在十二届全国人大三次会议上所作的政府工作报告中，首次提出了要"制定'互联网+'行动计划"："推动移动互联网、云计算、大数据、物联网等与现代制造业结合，促进电子商务、工业互联网和互联网金融健康发展，引导互联网企业拓展国际市场。"

2015年4月23日，国务院总理李克强在泉州品尚电子商务公司考察时说，"互联网+""未知远大于已知"，未来"空间无限"。

2015年7月4日，国务院印发《国务院关于积极推进"互联网+"行动的指导意见》（简称《指导意见》），指出"互联网+"行动是"推动互联网由消费领域向生产领域拓展，加速提升产业发展水平，增强各行业创新能力，构筑经济社会发展新优势和新动能的重要举措"。《指导意见》明确提出，要坚持"开放共享、融合创新、变革转型、引领跨越、安全有序"的基本原则，大力拓展互联网与经济社会各领域融合的广度和深度，并提出了具体的"互联网+"发展三年和十年的阶段目标。第一步的"三年发展目标"是，到2018年，互联网与经济社会各领域的融合发展进一步深化；基于互联网的新业态成为新的经济增长动力；互联网支撑"大众创业、万众创新"的作用进一步增强；互联网成为提供公共服务的重要手段；网络经济与实体经济协同互动的发展格局基本形成。第二步的"十年发展目标"是，到2025年，"互联网+"新经济形态初步形成；"互联网+"成为我国经济社会创新发展的重要驱动力量。

2015年12月16日，第二届世界互联网大会在浙江乌镇开幕。中国国家主席习近平出席开幕式并发表主旨演讲。习近平在演讲中指出，中共十八届五中全会提出了"创新、协调、绿色、开放、共享"的新发展理念。并明确提出了"十三五"时期，中国将大力实施网络强国战略、国家大数据战略、"互联网+"行动计划，发展积极向上的网络文化，拓展网络经济空间，促进互联网和经济社会融合发展。

在第二届世界互联网大会随后举行的"互联网+"论坛上，在中国互联网发展基金会联合百度、阿里巴巴、腾讯共同发起的倡议下，"中国互联网+联盟"正式成立，该联盟表示要集聚全社会的力量，携手推动"互联网+"的深入发展。

在2015年以后不到一年的时间里，"互联网+"在中国迅速起步，并逐步发展壮大起来。

2017年10月发布的中共十九大报告中强调要"深化供给侧结构性改革"，要求"推动互联网、大数据、人工智能和实体经济深度融合，在中高端消费、创新引领、绿色低碳、共享经济、现代供应链、人力资本服务等领域培育新增长点、形成新动能"。

由此可见，从狭义上来理解，"互联网+"可以看成互联网融合传统行业领域并将其改造提升成具备互联网属性的新商业模式的一个系统过程；从广义上看，"互联网+"对传统行业的这种改造过程，不同于一般意义上的技术革命，它的两个关键词是"连接"与"融合"："互联网+"连接线上和线下的各种设备、技术和模式，既是政策连接，也是人才连接；既是技术连接，也是服务连接。通过各种连接形成互联网与传统产业融合发展的"新生态链"。

因此，所谓"互联网+"就是在互联网思维指导下的进一步实践活动。它以互联网为平台，利用网络信息通信技术，使互联网与传统产业进行深度融合，推动经济发展形态不断演变；"互联网+"不仅代表一种先进的生产力，也是信息时代推动人类生存方式变革的先进生产方式、思维方式和实践活动。

当今时代，我们正处于第四次工业革命的进程之中。与前三次工业革命分别以"蒸汽机""电力"和"计算机"等某一单项技术为主要推动力不同，第四次工业革命是在物理、数字和生物技术相结合的推动下的一次综合性、多领域、全方位的复杂变革，推动人类社会由传统的实体物理世界向虚拟的数字世界全方位"迁徙"，是工业革命实现"由量变到质变"的飞跃，并将日益消除物理世界、数字世界和生物世界之间的界限，促进社会全方位地融合。因此，"互联网

+"不是一项单纯的技术革命，它已经远远超越出了常规的信息技术领域，而成为当今信息时代经济社会发展的底层"基础设施"和"思维范式"，成为重构物理世界、数字世界和生物世界的一种"新生态"和指导人们进行网络生产生活的"新思想""新理念"，是"创新、开放、共享、包容"等互联网价值理念的倡导者和实践者。

第二节 "互联网+"的时代特征

一、及时性

网络与通信技术的发展推动了信息传播速度的发展，"互联网+"时代的显著特征之一就是消除了传统媒体及新媒体的传播时差，使信息可以迅速地传递到受众，实现了全时段发布信息，全时段更新信息，全时段接收信息。

二、碎片化

"互联网+"时代的碎片化主要体现在两个方面：一是传播内容的碎片化，二是传播渠道的碎片化。快节奏的生活催生了信息的碎片化，如短视频等应用的兴起就是信息碎片化的典型代表。传播渠道的碎片化是指单一信息不会只出现在单一渠道，而是会被层层转发，在各类大小门户网站及各类论坛上反复出现。每个确定的渠道上不再限定固定领域的内容，而是大规模发布鱼龙混杂的各类信息。

三、广泛性

"互联网+"时代的广泛性同样主要体现在地域的广泛性和参与的广泛性两个方面。地域的广泛性是指在空间维度上，媒体可以像千里眼和顺风耳一样具有强大的搜索与链接能力，使人可以突破地域的限制，远距离完成信息的查找、加工与再次传播等一系列过程。参与的广泛性是指话语权不再是精英阶层的特权，正一步步走向普罗大众。互联网打破了信息发布者与接收者之间的不对等，信息的接收者可以通过评论、聊天、转发等来发表自己的看法，而不是被动地接收。

四、开放性

将互联网比喻成大海是不准确的,因为就算是汇集江河的大海,也存在边界限制,哪怕是大西洋与太平洋都存在清晰的界分。互联网是一个没有边界的存在。不仅没有边界,它甚至没有中心,以一个相对完全开放的状态面对使用者,"自由"和"开放"是互联网的主体,并且会随着科技进步越发开放。正如移动电话终端的迅速普及和通信网络设施的改进,信息可以很容易地发布和获得,人们已经可以不完全依靠电脑了。互联网带来了新的交流方式,网络是一个海洋,几乎包容所有信息,任何人都可以通过互联网轻松获取所需的知识和信息,发布时也不需要烦琐的审查审计,因此"互联网+"时代有很强的开放性。

五、自主性

互联网让信息的发布与阅览达到空前的自由状态,任何人都可以通过网络自我披露,也可以毫无顾忌地自由评价网络上的信息,谈笑风生。也就是说在网络的意义上,所谓的"受众"不再是一个或多个人,而是无数个不同个体的总和。

互联网用户广泛且不为人知,数百万或数十亿互联网用户来自不同的背景、年龄、水平、兴趣和职业。这些用户完全可以根据自身的好恶进行信息的选择,不论如何选择,都将成为互联网自主题目的必对选项,因此"互联网+"时代具有很强的自主性。

第三节 大学生创新创业教育基本理论

一、创新创业教育的概念界定

(一)创新

1. 创新的内涵

在《韦伯斯特词典》中,"创新"有两个含义:第一,新东西、新概念的引入;第二,革新。在《新华字典》之中,创新被解释为:"抛弃旧的,创造新的。"从构词的角度来看,"创新"是由"创"和"新"两个词构成的。"创"在《辞海》中有始和首等意思;而对"新"的意思解释为首次出现。搜狗百科中解释道，创新有两层意思：一是指创立或者创造新的；二是指首先。"创新"的词源最早起源于拉丁文，可以表述为新的东西、新的历史和改变三层含义。美国的经济学家约瑟夫·熊彼特在1912年德文版的《经济发展理论》中第一次使用了"创新"这一词汇。他认为："创新其实就是建立新的生产函数，简单说，也就是实现生产条件与生产要素的一种前所未有的新组合，并且引入生产体系。"自从约瑟夫·熊彼特提出创新的概念后，创新便日益被各领域专家学者重视并加以发展，进而对创新的理解也产生了不同的观点。有人指出，创新是开发新鲜事物的过程，并且此过程是从挖掘新鲜事物到最后进行推广应用的全过程。

随着时代的变化和社会的进步，有关创新的概念和内涵也在不断地变化，国内外的专家学者们也根据所处的不同时代背景以及实际情况不断更新着创新的概念和内涵。通过深入理解和归纳总结，我们认为创新的定义可概括为：创新是指人们在充分尊重事物的本质属性和客观规律的前提下，按照某种目的能动地对现有事物进行改造和变革，最终产生新的事物并更好地适应社会发展的开创性过程。

创新本身有着深刻的内涵。首先创新的主体一定是人，并且一定要从实际出发，还要发挥自身的主观能动性，有效结合当今社会的各种需求，尊重事物发展的客观规律，决不能盲目脱离实际，反之创新则会变得毫无意义。其次创新需要付诸大量的实践，必须始终坚持理论与实践相统一的原则，只有经过不断地探索与尝试，才能找出不符合社会发展的旧事物，通过不断革新进而创造出新事物，使其更好地服务社会。最后创新的本质在于批判和变革旧事物，秉持扬弃的原则，继承并发扬旧事物的优点，改造并变革旧事物的不足，使其更好地适应当前时代的发展。

2. 创新的特征

创新的特征就是创新所具有的特点，也是其自身的品性与品质，具体包括创新的新颖性、有用性、社会性以及综合性。每个特征都有其各自的本质内涵和表现形式，具体如下。

（1）新颖性

创新的新颖性是指在进行创新活动中，从开始到结束的全过程都拥有"新"的特质。创新活动无论是在内容上还是形式上都需要具备新颖性，特别是对于创新的产物，必须与创新前的旧事物存在本质的不同，表现出新的形式和新的内容。换句话说，新颖性是创新的最基本的特征，只是对旧事物进行简单的重复根本不能称之为创新。进行创新实践活动必须立足于已有的特定旧事物，进而对旧事物进行否定、继承并超越。就像人类文明的延续一般。人类社会一直通过继承前人的文明成果，不断对过去的文明进行超越，继而推动了人类社会的大发展。创新是社会进步的重要途径和方式，必须要对现有的旧事物不断地超越，创造出促进社会进步的新事物。

（2）有用性

创新的有用性是指创新实践最终的成果具有实际的效用，可以满足社会发展或者个人自身发展的需要。从当前的世界格局来看，创新的有用性主要是指创新成果可以给创新主体带来或多或少的社会效益以及经济效益的提升。效益在多大程度上有所提升，毋庸置疑是知识经济时代下决定创新实践活动是否成功的重要指标。总而言之，没有效用的创新是不存在的，更是没有意义的。

（3）社会性

创新的社会性是指无论是创新主体还是整个创造性活动，都必定会受到特定的社会政治环境、经济环境、文化环境等的影响。马克思指出："人的本质是一切社会关系的总和。"人类作为创新实践活动的主体，必然会和其他社会个体或者团体形成某种关系，这也是人作为创新活动主体的本质属性。所有创新欲望的萌生、创新动机的出现以及创新价值观的形成都必然受到社会发展的实际影响。

（4）综合性

从方法论意义上讲，创新就意味着综合。创新活动一般不会是原创性质的创造活动，而是博采众长和吸纳优势的综合实践活动。无论是科技创新、制度创新还是理论创新，从方法论角度看，基本都是扬长避短以及合理扬弃的成果，绝不是对旧事物简单的重复，而是具有明显的继承性。如习近平新时代中国特色社会主义思想就是马克思主义基本原理与中国当前的具体实际相结合的创新性产物，生动地诠释了创新的综合性。

3. 创新的构成要素

创新，不仅仅是一个简单的想法，还是一个非常复杂的过程，更是一个系统的工程。创新主要由创新意识、创新思维和创新实践构成。一项成功的创新活动需要包含创新意识、创新思维、创新实践，三者相互促进，并在创新中起到不同的作用，从而使创新获得成功。而如果没有创新的构成要素，就没有创新，更谈不上创新的成功。

创新意识是创新主体进行创新实践活动的前提和起点，也是进行创新活动的内在动力，是在遵循事物客观发展规律的前提下，变革旧事物并创造新事物的主观欲望。创新意识为创新主体提供了强大的动力，是人们在进行创新实践中面对各种困难，依然能够将其克服并不断探索的精神支柱。创新主体只有在具有创新意识的前提下，才能进行创新实践活动。另外，创新意识并非先天的、生来就有的，它是一个非智力因素，需要后天的培养才能拥有和提升。因此在现实生活中，我们要有目的地培养和提高自身的创新意识，善于观察并发现问题，增强好奇心，培养怀疑精神。

"创新思维是创新的内核，其本质在于使用新的角度和新的思考方法去解决现存的问题。"创新思维是通过发掘和应用事物的本质规律和发展规律，预测和推理某种事物的存在状态和变化规律，并开发新事物的思维活动。创新思维对于创新实践活动十分重要。创新思维是创新的有效工具。创新思维与常规思维相比克服了其单一性、孤立性和纯逻辑性，具有了独特性、发散性和非逻辑性。正是因为非逻辑思维的存在，创新思维才更好地成了创新的得力工具，为创新的成功开辟了道路。

创新实践是整个创新活动的关键和重心，是决定创新是否成功的关键一步。如果只有创新意识和创新思维，却没有将其付诸实践，创新将毫无意义可言。当然创新实践一定是创新主体进行创新实践活动的最后一步，主体必须首先要有创新意识，并形成系统的创新思维，这样才能进行创新实践。创新实践能否成功进行决定了整个创新活动的成功与否，因此，在创新的过程中，我们一定要将意识和思想付诸实践，继而以通过实践得出的理论为指导进一步提高我们的认识，提高创新的成功率。

（二）创业

"创业"是一个复杂的、多层面的概念。国内外的学者都对"创业"进行了深入的研究。从国内而言，胡晓风在其《关于更新教育思想进行创业教育的探讨》一文中指出：创业就是"在职业和事业中进行的创业性劳动"，这里的"业"，指职业和事业。从国外而言，虽然"创业"备受关注，但自约瑟夫·熊彼特1934年首次提出创业概念以来，关于"创业"至今也没有一个统一的概念。基于各自不同的研究视角、学科领域，不同的学者形成了不同的创业研究方向，形成了诸如风险学派、领导学派、创新学派、认知学派、管理学派等不同的观点。约瑟夫·熊彼特认为创业就是创新，是指"企业家"打破旧传统，创造新规则，开辟新事业。管理学大师彼得·德鲁克继承发展了约瑟夫·熊彼特关于创新的理论，将创业界定为"能够创造出一些新的、与众不同的事情，并能创造价值的活动"。而杰弗里·蒂蒙斯超越一般意义上对"创业就是企业创建"的认识，认为"创业是一种行为方式、生活方式、人生哲学，能为所有参与者创造价值"。

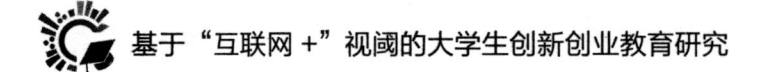

总体上而言，"创业"作为一个学术概念，也有狭义和广义之分。狭义的"创业"，正如字面意义一样，就是"创建新企业"。广义的"创业"，就是"开创事业"，是具有"事业心与开拓技能"的思维方法、行动方式，是创造价值的过程。

创业主要分为三种类型，第一种是通过创办一个企业，实现机会转化和价值创造。第二种是"内创业"，即在机构内部进行创新。第三种就是在西方国家日渐流行起来的创业，即非营利机构创业，具有明显的社会使命。创业的本质是创造价值，这种价值不单单指经济价值，还有社会价值、人生价值。创业产生于商业领域，强调运用各种资源将机会转化为现实的经济价值。作为一种独特的思考和行为模式，创业也可以应用到社会领域，体现社会价值。创业还可以作为自我实现的途径，而实现个体的人生价值。大学生创业正是基于广义层面的创业，不是所有的大学生都要去创办企业，成为企业家，而是实现对自身"事业心与开拓技能、开创性个性"的培养，从而不断提高创业能力，成为国家新的接班人和建设者。

（三）创新创业

创新创业是一种双生关系，也是一种相互依赖促进的关系。首先，创新创业表现为一种双生关系。创新创业两者天然地联系在一起，是不可分割的有机整体，具有直接统一性。没有创新就没有创业，没有创业也就没有创新。其次，创新创业表现为一种相互依赖促进的关系。创业过程中新产品的开发、新材料的采用、新市场的开拓、新管理模式的推行，都必须由创新思维做先导，如此创业才有可能成功。创业的过程，尤其是创新型创业的过程，必须是一个不断创新的过程。审视当下的成功的创业者，比如联想的柳传志、华为的任正非、百度的李彦宏、腾讯的马化腾等，他们都是在创新基础上实现成功创业的。在科学技术迅猛发展的今天，缺乏创新的创业必然会陷入失败的困境。创业是创新的表现形式和实践载体。创新的成果经由企业转化为现实生产力，创业又可以创造出新的创新，从而深化创新。

通过上述分析可以得出：创新创业既是在创新基础上去开创新的企业，也是用创业的心态、创新的思维开展本职工作；既是一种企业创建的行为方式，也是一种具有"事业心与开拓技能"的思维方法。大学生创新创业，更多的是培养大学生的创新精神、创业意识，把创新创业作为一种思维方法、生活方式贯彻于成长全过程，在创新创业中凝聚起促进自身全面发展、报效国家的强大动力。

第一章　绪论

（四）创新教育

1912 年，约瑟夫·熊彼特在其著作中首次提出了"创新理论"，对创新赋予新的概念，即创新是"建立一种新的生产函数"。创新是时代发展的产物，通过专家学者对创新教育开展深入研究，创新在教育领域中逐渐被广泛应用。20 世纪 50 年代，"创新教育学"正式被提出，随后美国教育界对创新教育明确了相关规定。

通过了解和把握创新教育的发展过程，对创新教育有了进一步的认识。创新教育是指以创新思维培养为核心，依靠教育模式改革，来培养能将所学理论应用于实践的创新人才。

（五）创业教育

1989 年，联合国教科文组织在北京召开"面向 21 世纪教育国际研讨会"，正式提出"创业教育"的概念。经济学家科林·博尔在谈到 21 世纪新的教育哲学观念时表示：未来人们都需要掌握"三本教育护照"，即"学术性教育护照""职业性教育护照"和"创业性教育护照"，其中，"创业性教育护照"表明一个人拥有事业心和开拓能力。1989 年底，联合国教科文组织在《学会关心：21 世纪的教育——圆桌会议报告》中将三种教育护照提高到相同等级，认为它们具有相同的地位。在我国，政府于 1999 年在《面向 21 世纪教育振兴行动计划》中初次提出"创业教育"概念。

创业教育是对个体创业能力的系统性培育。联合国教科文组织对于"创业教育"的概念做出了阐述，在其发布的《关于高等教育的变革与发展的政策性文件》中，提出"受过高等教育的学生不只是求职者，也会是成功的企业家和社会岗位生产者"这一理念。美国考夫曼创业领导力开发中心对创业教育的定义为，"向个人教授创新知识和技术手段，使他能发掘他人所忽略的机遇、敢于做他人所踌躇的事情，包括机会发掘、风险性资源的获取等内容"。有的学者认为创业教育是对个人在不可预测的状态下创办一个企业、一个机构、一个组织或开创一项事业的知识、技能与精神的教育。而张昊民、马君等学者在《高校创业教育研究》中为创业教育的功能提供了一种新的定位：创业教育不仅仅是引导有创业意向的学生开展创业活动，同样也能够帮助不适合创业的学生找到更适合自己的工作内容，以此来达到社会资源配置的帕累托最优原则。因此，创业教育同样能够帮助人们更好地判断他们与创业事业的匹配程度，最大程度上降低创业活动成本。

（六）创新创业教育

创新创业教育由创新、创业、教育三个关键词组成。"创业教育"最早由西方学者科林·博尔提出，他主要强调"培养学生的事业心和开拓精神"。

创新创业教育的基本内涵比创新教育、创业教育更加丰富。从微观层面上来看，创新创业教育可以帮助学生更好地就业，其通过传授学生创新创业知识和实践技能让学生更能符合市场需求。从中观层面上看，创新创业教育属于素质教育，其重视学生创新意识、创造能力的提升。创新创业教育强调的不是每个学生都要创业，而是每个学生都能具备创新创业的思维和能力并将之运用到以后的个人发展中。从宏观层面上来看，全国高校全面开展创新创业教育能够推动我国高校的教育改革，有助于提升高校教育质量，为我国建设创新型国家提供人才支撑。

创新创业教育的基本价值取向，既包括创新创业精神、创新创业思维的培养，也包括创新创业行为方式、创新创业人生哲学的塑造，还包括创新创业生活方式、创新创业生涯的选择。

我国开展创新创业教育的时间较晚，2010年教育部出台文件，正式提出"创新创业教育"，并称其是一种符合我国经济、社会、民族发展战略要求的教学理念和模式。我国学者主要从两种角度研究分析了创新创业教育的内涵：一些学者提出，创新创业教育是把创新教育与创业教育的内涵有机结合在一起，形成一种新的教育理念；另一些学者认为创新创业教育是创业教育的一种形式，而创业教育以创新教育为先决条件。

对于学生而言，接受创新创业教育，既可以提高学生专业知识的广度和深度，也可以有针对性地提高学生的创新思维能力，锻炼学生的实践操作能力，促进学生全面发展；对于社会而言，开展创新创业教育可以为社会提供更多拥有发展性思维的创新型人才，还可以使创业成为缓解就业难的有效途径，给社会经济发展做出不同的贡献。创新创业教育面向所有学生，面向所有教育阶段，目的是让学生在受教育过程中提高创新能力，以更强的综合实力面对社会生产过程中出现的挑战。

我国高校目前开展的创新创业教育工作主要包括：以教学为中心的教育体系的建构，建设创新创业教育课程体系以及高素质的师资队伍，探索总结良好的教学教法，拓展校内校外创新创业教育服务平台的建设等。

二、创新创业教育的理论基础

(一) 马克思主义的人的全面发展理论

马克思主义的人的全面发展学说，主要是建立在对人类历史的发展的深刻认识基础上的。与片面发展相比较，全面发展是指人从其个体性再到社会性，从身体上再到精神上都能够得到自由、普遍的发展。实现人全面发展的唯一途径是生产劳动和教育相结合。在马克思主义的人的全面发展学说基础上，全面发展的教育理论得到发展，目前成了我国教育体制改革主要的指导方针。

随着经济社会的高速运转，社会的发展对于人才的需求是全面且多样化的。在传统的教育过程中，教育者往往把受教育者作为一个教育整体，忽视了学生群体的个体差异性，不利于学生创新精神和创造能力的培养，阻碍了学生综合素质的提高。

综上所述，马克思主义的人的全面发展理论，启示高校在开展创新创业教育时落脚点应该放在学生的发展上。高校应该结合实践训练，注重学生能力的培养，促进学生养成善于学习、敢于创新的品质，同时不仅要注重学生德、智、体、美、劳的发展，还应该结合学生个体的发展特点，与社会发展需求相适应，从而使学生充分且全面地发展。

(二) 建构主义理论

建构主义理论是学习理论同样也是教学理论。建构主义认为，知识不是对现实的纯粹客观的反映，知识是会随着人们认识程度的加深而不断地变革、深化的，所以学习不是简单被动地接收信息，而是主动地建构知识，教学也不是简单地"填灌"，不是知识的传递，而是对知识进行处理并自我消化的过程。

建构主义学习理论主张，"在教学过程中应该让学生在现实或模拟的情境中展开实践，形成解决问题的能力，学习应该是探索式的学习，通过让学生积极主动地参与、体验，形成自己的理解，培养自己的能力"。建构主义教学理论认为，"情境""协作""会话"和"意义建构"是学习环境的四大要素。知识是学习者在一定社会文化背景的情境下，利用必要的学习资料，借助他人的帮助，通过意义建构的方式获得的。

对于高校而言，建构主义理论为创新创业教育的发展提供了一定的理论支撑，高校开展教育活动应该以学生的发展为中心，教师在教学过程中要注重培养学生的主动性和创造性。例如教师可以在日常的实践教学中充分地利用情境教学法，通过一些创业项目的模拟，让学生在仿真模拟的环境下去积极地发现问题，进而分析问题，并找到解决问题的方法，不断地培养学生的创新能力。

（三）创造教育理论

在美国哲学家、教育思想家杜威提出"教育即生活""教育即生长"的思想基础上，1943年，我国著名的教育家陶行知通过立足于当时中国教育的实际情况，针对传统教育存在的问题，提出了"生活即教育"的生活教育理论，其中创造教育理论是生活教育理论的核心。教育家陶行知开创了我国创造教育理论与实践的先河，是创造教育的先行者。创造教育理论从学生和教师两方面入手，理论思想贯穿整个教育活动。对于学生而言，创造教育理论提倡首先要为学生提供充足的养分（即身体和心理上的"营养"），为学生培养创造能力提供先决条件；其次培养学生创造性地发现问题、深入探究问题、独立解决问题的良好习惯，提倡学生要"手脑并用"，最大限度发挥学生的创造能力；最后要分析不同学生的特点，"因材施教"，注重学生的个性发展。对于教师而言，教师最大的成功是要"创造"出能让自己推崇的学生，鼓励教师与学生同步成长，勇于创造，大胆地尝试未接触过的教学方法，为培养学生的创造能力保驾护航。创造教育理论为创新创业教育奠定了坚实的理论基础，同时也为如何更好地培养创新创业人才提供了理论依据。

（四）"三螺旋"理论

"三螺旋"一词起源于生物学领域，主要揭示基因、组织和环境三者之间的因果关系，"三螺旋"所建构的模型图彼此缠绕。美国学者亨利·埃茨科维兹在"三螺旋"的基础上提出了"三螺旋"理论。

"三螺旋"理论的提出在很多领域打开了新模式，开创了创新创业研究的新模式，其目标致力于寻求政府、企业、大学三者之间的有机合作，形成创新创业、科学育人的长效机制，具体表现在两个方面：一是指政府、企业、大学三个组织之间在创新创业过程中相互辅助、相互促进，但每个组织都具有一定的独立性，都保持着自己的独立地位，有自己的独立发展模式；二是在模型中我们可以看到，政府、企业、大学三个组织之间也有边界，以时间、地点以及条件为前提，按照客观需求将边界不断延伸。在三个组织边界相互延伸的过程中所形成的三个交叉组织的功能是相互渗透、相互融合的，如图1-1所示，通过各自组织边界的开放,将传统的封闭性打破,政府、企业和大学之间形成新的组织,而单个组织的发展和变化,也会对整体的存在和发展发挥重要作用,具体来说,也就是其中某一组织的创新与发展都会对新组织产生新的影响。因此高校在开展创新创业教育时要避免闭门造车,积极地作为领头人,加强三者之间的联系与合作。政府加大创业支持力度,企业搭建校外实践基地,高校提供校内实践平台,构筑高校创新创业教育协同机制。

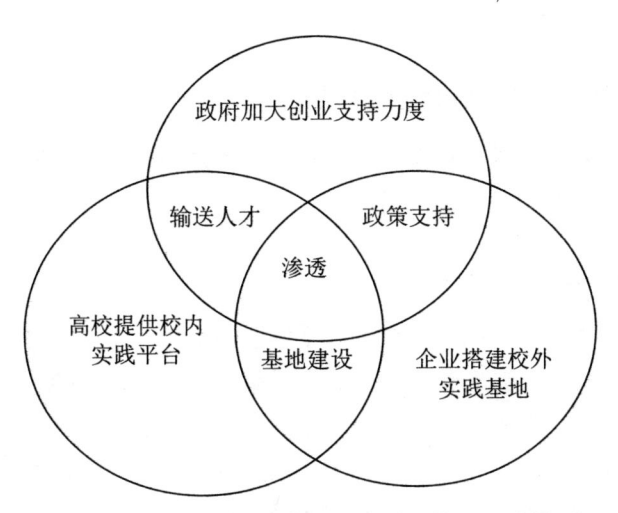

图 1-1 政府、企业、高校三者的三螺旋理论模型

(五) 习近平总书记关于创新创业工作重要论述

习近平总书记多次强调创新创业的重要意义,指出国家的发展和建设离不开青年一代的努力,广大的青年学生要勇于拼搏,树立远大的理想,并号召全社会都要支持学生进行创新创业。

2013年9月30日,习近平在十八届中共中央政治局第九次集体学习时强调,"当前,从全球范围看,科学技术越来越成为推动经济社会发展的主要力量,创新驱动是大势所趋";2016年5月30日,习近平在全国科技创新大会上发表重要讲话时强调,"我国要建设世界科技强国,关键是要建设一支规模宏大、结构合理、素质优良的创新人才队伍,激发各类人才的创新活力和潜力";2018年5月2日,习近平在北京大学考察时强调,"重大科技创新成果是国之重器、国之利器,必须牢牢掌握在自己手上,必须依靠自力更生、自主创新"。

习近平总书记在给参加"青年红色筑梦之旅"和第三届中国"互联网+"大

学生创新创业大赛的学生回信中强调,在全面建成小康社会、实现中华民族伟大复兴的中国梦进程中,我们国家和全社会需要青年一代去奋斗,在创新创业过程中增长知识和才干,在逆境中不断地锤炼自身坚强的意志品格,从而实现自身的价值。习近平总书记在党的十九大报告中再次强调,广大的青年学生要树立崇高的人生理想,不断提高自身的本领,培养使命感和勇于担当的意识,同时也要求广大的青年学生要充分地发挥自身的创造力和想象力,积极投身到社会实践中去,发挥自己在创新创业中的重要作用,为我国建设创新型国家贡献自己的一份力量。

三、大学生创新创业教育的任务

创新创业教育的任务是根据创新创业所要达到的目标而确定的,主要包括培养创新创业意识、知识、技能、精神。

(一)培养创新创业意识

创新创业意识是指人们内心自发产生的能动反应,是一种自觉地探索新事物以及渴望将内心想法付诸实践的心理倾向,是人类一种积极的意识形态,是人们进行创造性实践活动的出发点和动力。创新创业教育着力于培养大学生的批判性思维,帮助大学生摒弃过去传统的守旧保守观念。大学生创新创业意识的强弱直接关系到大学生创业欲望的强弱,强烈的创业意识可以形成积极的创业心理,促使大学生将创业想法转化为实践行为。可以说,创新创业意识越强烈,创新创业的动机就越强,创新创业的想法就越容易付诸实践。

(二)培养创新创业知识与技能

创新创业知识与技能教育是指创新创业教育工作者向大学生传授他们在创业过程中所需的理论知识和实践操作方法。大学生想要获得创新创业的成功,仅有创业意识和创业精神是远远不够的,需要内外兼修,不仅要在精神意识层面过关,还需要有丰富的理论知识和扎实的实践操作能力。而培养这方面的能力是大学生创新创业教育的主要任务之一。

(三)培养创新创业精神

创新创业精神指的是创业者在创新创业过程中所展现的艰苦奋斗、敢为人先的精神品质。大学生创新创业的过程不可能是一帆风顺的,在创新创业的道路上会遇到各种问题、各种挑战。大学生创新创业想要取得成功就必须要有百折不挠、勇敢无畏的创新创业精神。创新创业教育工作者不仅要引导大学生立志成才，主动去迎接创业过程中的困难，在创业过程中磨炼自身的精神品质，同时还要加强对大学生勇于创新、奋力拼搏精神品质的培养，为大学生创新创业提供精神动力，使得大学生在遇到困难时可以勇往直前，直面挑战。

四、大学生创新创业教育的意义

（一）时代与社会的需要

习近平总书记指出，科学技术是第一生产力，创新是引领发展的第一动力。当前人类的生产以及生活方式，深受新一轮科技革命的影响。加强科技产业界和社会各界的协同创新，促进各国开放合作，是科技发展为人类社会进步发挥更大作用的重要途径。抓住和创造机遇，用好"第一生产力"，主动求变、精准发力，才能推动产业优化升级，实现高质量发展。

（二）国家发展的需要

习近平总书记强调，国家高度重视科学普及，不断提高人民的科学文化素质。当今时代，5G网络、数据中心等"新基建"以及数字经济、新材料等战略性新兴产业不断崛起，依靠创新驱动，开拓发展新空间。科技创新为企业发展提供了重大机遇，为经济新增长创造了更多可能。应用型高校肩负着为党和国家培养高素质创新型人才的使命。

（三）高校教育的需要

习近平总书记指出，"创新是社会进步的灵魂，创业是推动经济社会发展、改善民生的重要途径。青年学生富有想象力和创造力，是创新创业的有生力量"。加强创新创业教育，培养大学生的创新创业能力是提高人才培养质量的重要举措。近年来，高校不断加强创新创业教育，对提高高等教育质量、促进学生全面发展、推动毕业生创业就业、服务经济社会发展发挥了重要作用。新形势下，高校必须进一步加强创新创业教育，培养学生的创新创业能力，把办学思路真正转到服务地方经济社会发展上来，转到产教融合、校企合作上来，转到培养应用型、技能型人才上来，转到提高学生的就业创业能力上来，全面提高学校的育人能力。

第四节 "互联网+"与大学生创新创业

一、"互联网+"对创新创业能力的影响

目前国内考察互联网与创新能力关系的研究成果，都一致表明：互联网作为一种典型的技术创新资源，对区域创新能力的提升具有较大的驱动作用。互联网的发展促进了创新思维方式的转变，加快实现了管理方式的"扁平化"，十分有助于提高技术研发效率，也催生了商业模式的创新。有学者从互联网"互联互通""近乎零成本"的特性出发，提出网络对创新的影响主要表现为成本效应、联系效应和溢出效应三个层面。本书作者认为，互联网对创新的影响主要体现为以下几个方面。

（一）加快知识传播、信息扩散，提高创新活动的可能性

互联网促进了不同创新理念与见解的碰撞和启迪，促进了研发活动的实现，加快了创新成果的转化。互联网还大大助力了信息扩散，使各创新企业、群体可以高效、低成本地从政府、高校、科研院所等处获取外部信息，准确、快速地控制需求的发展方向，掌握技术创新前沿信息，打破信息不对称的壁垒，降低创新活动的不确定性，为各类主体提供创新动力。

（二）降低创新成本，增加创新产出

互联网不仅信息传播的成本极低，而且大大降低了创新实体为创新活动支付的距离成本，通过互联网收集信息的方式使得信息交互的成本几乎为零。也就是说，这不仅可以大大降低创新实体的研发成本，还可以降低不同地区实体在合作研发过程中的信息交换成本，从而在现有研发和创新资源的约束下，互联网促进了协同创新，助力了创新过程的顺利完成。

（三）打破区域或行业的约束，使创新更高效、更多样化

互联网打破空间和产业的约束，充分发挥"流动空间"和"流动行业"的协同叠加作用，跨越区域、行业的边界，通过横向和纵向的互补耦合获得额外的异质资源，打破仅仅依仗自身创新投入的路径依赖，在短时间内重组各地区的人

才、资金、技术等资源，实现区域创新资源在广度和深度上的有效整合，促进资源的优化配置，增强创新能力。此外，随着近年来"互联网+"技术的发展和应用，创新行为逐渐渗透和传播到各个行业和领域，不仅成为各行业发展和创新的催化剂，也强化了上下游产业之间的相互关联性。因此，互联网将刺激单个行业的研究和创新活动，并通过前后指向关系影响整条产业链上关联公司的创新活动。

（四）优化政府政策体系，营造更加开放的创新环境

互联网时代的政府政策将在其基本结构上发展、演变，甚至衍生出新的治理结构，即政府也将推出更加具有开放性、激励性的创新发展政策。互联网使国家或地方的政治更加自由，政府更加公开、透明、负责，创造出一个更加开放灵活的创新环境，提升区域创新水平，造福国家、企业和社会。

二、"互联网+"背景下的大学生创新创业模式

"互联网+"为大学生的创新创业活动提供了新的发展模式，影响了其创新能力。传统的互联网创业正逐渐被新型互联网创新创业取代，在未来的发展道路上，大学生的创业过程应该注意的是，加强对行业的细分，从细节上制胜，形成自身特点。

（一）走信息技术孵化的创业模式

当前，互联网金融逐渐兴起并且发展势态良好，因此，大学生创业要抓住这一机遇，在选择创业模式时，尽量充分结合互联网金融，以信息技术为核心，走信息技术孵化的大道。如今，信息技术不断更新，而互联网能以最快的速度更新数据，帮助人们关联分析、精准预测，为发掘商业价值提供必要的参考依据。在不久的将来，数据中心将由"成本"转化为"利润"，在信息孵化行业中，数据资产将是影响竞争力的关键因素之一。

（二）走服务体验非标准化创业模式

互联网时代对用户的感受十分看重，因此有了这样的说法："得用户者得天下。"大学生在创新创业过程中，要想成功，就必须提供优质的服务，赢得客户的认可。此外，在互联网金融的时代背景下，体验式服务是非常受大众欢迎的，它的特点是通过非标准化来获得大量用户的青睐。在经济发展如此快速的今天，

企业要想收获粉丝，必须将服务统一标准，但服务本身是非标准化的，也就是要针对不同的客户群体制定不同的服务标准，让客户产生专属体验，感受到企业的用心，只有这样，才能抓住客户，让他们成为忠实的粉丝。

（三）走创新概念极致化创业模式

现如今，互联网创业不仅是时尚的代表，更是先进理念和经济效应的代表。因此，大学生创业也应追求"时尚"，将"互联网+"与创业充分结合起来，使产品和服务极致化发展，让企业经营的每一个环节都体现出产品设计、文化销售等各方面的创意，把创新概念极致化。大学生互联网创业产品不仅要具有观念价值，而且要具有情感价值，在产品设计理念上，使其使用价值和物理价值充分融合，达到极致，由其内在功效作为活广告，让客户为其欣喜若狂，从中获得美好的感受，体验到满意的感觉。

第二章 大学生创新创业教育的发展历程

20世纪90年代,创新教育与创业教育陆续进入我国高校,经历了一段不平凡的发展历程。本章分为大学生创新创业教育的演进历程、大学生创新创业教育的发展趋势两部分,主要包括大学生创新创业教育政策的发展历程、大学生创新创业教育实施的发展历程等内容。

第一节 大学生创新创业教育的演进历程

一、大学生创新创业教育政策的发展历程

(一)大学生创新创业政策的内容及变迁

我国大学生创新创业政策的发展历时20多年。各时期政策的出台和完善代表我国大学生创新创业的发展历程和方向。依据其各阶段特点,可分为初步探索期、推广普及期、战略导向期以及完善成熟期。

1. *初步探索期:1999—2007年*

20世纪90年代,为了应对大学毕业生就业困难的问题,教育部预估形势,开展面向新世纪的教育振兴行动,支持高校采取创业鼓励的手段解决逐步凸显的"就业难"问题。中央政府的重要决策者开始将创业看作大学生就业的另一新途径,陆续出台鼓励政策,推动大学生创新创业政策步入探索前进阶段。

21世纪初,我国政府开始尝试将"创业"与"就业"深度结合,以深入开展青年创业行动的方式促进广大青年就业者顺利就业,侧面反映出国家政府对大学生创业的高度关注。2004年4月,由共青团颁布的政策意见鲜明提出:创业

环境和服务保障、创业意识和创业能力是刺激创业活动的内外动机，政策制定应由此出发，全力保障创业工作的有序进行。

2. 推广普及期：2008—2014年

2008年全球金融危机爆发，我国面临着国内外经济和政治环境的强烈威胁。我国政府当机立断，通过政府官方、媒体平台等宣传创业政策，推广和普及创业意识，鼓励全民参与创业活动，以期得到传统制造业转型成功、经济结构调整有效的良好局面。此举得到全国各地的积极响应，针对性的地方整改措施、高校创业支持政策应运而生。

为贯彻党的十七大的"创新""创业"会议精神，2010年5月，我国教育部发布正式政策文件促进高校创业工作：通过建设创业基地、完善创业指导和服务机制的方式，大力推进大学生创新创业教育的落实。2011年6月，国务院结合高校毕业生形势，促进大学生创业政策落实，并根据各地创业反馈成果实行持续跟踪策略，以此强化各级政府的创业支持效果。这是国务院首次以文件通知形式参与到大学生就业创业扶持与支撑工作之中，通过加强教育培训等进一步落实与发展创业政策。此文件极大地点燃了大学生的创业工作热情，各级政府纷纷响应，制定各地的创业政策，一时间，大学生创业刮起了热潮，我国大学生创业进入政策推广普及的新时期。

2012年11月，教育部在本届的高校毕业生就业工作通知中强调将高校毕业生列入创业重点帮扶人群，以设立"一站式"服务平台及"绿色通道"的方式，为高校创业者提供高效、便捷的服务保障。2014年5月，国务院办公厅发布高校毕业生就业创业工作部署通知，再次申明大学生就业创业工作面临前所未有的艰难。这次文件通知，中央政府已将"高校毕业生创业"列入国务院办公厅文件的标题之中，首次将大学生创业问题提升到与就业问题同等重要的位置。通知内容旨在从科技、金融、教育领域全面开展大学生创业支持活动，召集全社会公民积极参与，全力营造良好的创业环境。除此之外，通知还提到三年内要在大学生群体中大力推进"创业引领计划"，在全国普及高校创业教育，最大规模实现"创业促就业"的政策支持。此文件一出，为我国大学生创新创业指明了政策方向，政策企业家开始纷纷创建与之相关的备选方案，以期纳入政策议程。

3. 战略导向期：2015—2017年

从2011年国务院全面支持大学生创业起，地方政府纷纷出台多项优惠措施支持大学生创业，这些政策一经出台就得到了各类专家的高度关注，加速了政策变迁的过程。高校扩招以来，大学毕业生的就业压力不减反增，社会资源的占有与分配出现了严重不均的失衡情况，导致城镇失业率开始持续攀升。与此同时，创业作为一种创新型社会资源的创造与再分配活动，再一次走入决策者视野。

在中央政府对"双创"的大力宣传与号召下，各级政府、地方组织和高校纷纷响应，大量创新创业政策及措施纷纷涌现，标志着大学生创业政策进入战略导向期。2015年6月，国务院就"双创"工作的目标、方向及行动路径出台了若干相关政策措施，将"创新创业"从口头号召变为政策落实。政策文件强调：通过加强创业创新教育、优化财税政策、发展创业服务等措施强化创新驱动型大学生创业模式，促使达成"创业带动就业、促进经济发展"的目的。之后，国务院颁布建设"双创"示范基地的实施文件，发布《建设示范基地的实施意见》，使"创新创业"政策真真实实地落了地。文件规范了大学生"创业引领计划"的实施要点及休学创业注意事项，致力于构建全面、完善的大学生创业支持体系；此外文件还将推进服务型政府建设，简政放权，以此来缓解行政冗杂的问题。这是自创业政策诞生十多年来内容最为全面、涉及领域最广的政策文件，是"就业创业难"不断累积与发酵，进而提上政策议程的结果，它的产生标志着"双创"受到政府决策者的高度重视，为后续大学生创新创业政策的发展提供了纲领性文件。

2016年，人社部、教育部牵头在高校开展毕业生就业创业促进计划，开始促进大学毕业生就业创业。文件首先明确"创业是解决就业的重要途径"，并尝试通过完善创新创业制度和服务进一步扩大大学生创新创业活动范围。11月，教育部结合日益严峻的大学生就业形势，颁布就业创业工作通知，就上一大学毕业生就业创业促进计划的具体方针做了较为明确的阐述，涉及创业教育、创业资金、创业服务以及监督反馈等，内容较为具体全面，是教育部首次面临应届毕业大学生现状针对性促进就业创业的政策文件。2017年4月，国务院出台就业创业工作的意见，针对一直存在的创业融资问题继续补充了创业补贴和基金，除此之外还增设了基层计划和留学回国创业计划，进一步放宽了大学生创业的人群和种类。通过"创新驱动"的战略指导，我国大学生创新创业政策在创业教育、创业资金支持以及创业服务建设上有了较为明显的突破，成为我国大学生创新创业政策导向的新时期。

4. 完善成熟期：2018年至今

随着"双创"政策的不断深入，大学生创新创业的社会效果尤其显著，但是大学生创业成功率持续走低、创业支持环境差、大学生创业素质普遍偏低等问题依然存在。2018年9月，国务院经过多次商议，决定对"双创"进行改革，再一次对"双创"政策进行整改，促进"创新创业"的发展。2018年11月，教育部又发布了一份工作通知，要求进一步推进改革进程，加强创业指导和服务，并切实改善创业扶持政策。本文件是对前一份文件的扩展和补充，旨在针对目前创业教育不足、融资困难、创业服务不足等问题，采取新的措施，以取得较好的政策反馈效果。这是一份比较完整、系统的关于大学生创业的政策文件，促使大学生创新创业政策支持体系基本建成。2018年11月，国务院在促进就业工作意见中提到了当前越来越严重的大学毕业生就业形势，强调了以创业带动就业的重要性。

2019年12月，全球爆发了罕见的"新冠"疫情，给经济、政治、社会带来了极大的冲击。部分以中小企业为主的大学生创业者，直接面临有史以来最为艰难的生存考验。针对现有中小型企业生存困难、大学毕业生就业创业面临危机，国务院及有关部门迅速召开紧急会议，出台多项针对性措施，以期扶持中小企业渡过难关，继续鼓励毕业生创新创业，从而缓解突发疫情带来的巨大社会压力，拉动经济增长。2020年3月，教育部下发高校毕业生就业创业工作通知，正式将疫情影响下大学生就业创业困难问题摆到了国家宏观层面。通知将就业创业工作的重点放在线上技能培训的模式上，以引导和鼓励的方式促进大学生就业创业，成为疫情下各部委开展工作的主要方式。3月26日，发改委办公厅紧密联系"双创"时代背景，积极开展社会服务领域双创带动就业示范工作，通过"互联网+""大数据"等信息手段及技术，聚焦"创业带动就业"的关键作用，通过培养一批"创新创业"的针对性项目，全力推动疫情下大学生就业创业，完善和扩大"创新创业"带动就业的新局面。为了进一步抗击疫情带来的"失业潮"，人社部积极推进《百日免费线上技能培训行动方案》，旨在对重点失业人群开展线上培训，进一步减小疫情给社会经济带来的冲击。4月15日，财政部联合人社部、中国人民银行发布通知，在原有的贷款申请条件基础上进一步降低门槛，提高额度。除此之外，通知还规定降低担保门槛，以此实行财政优惠政策，减缓疫情给中小企业带来的财政危机。短短半年时间，国务院及部委针对疫情发布和出台的促就业创业的政策就高达十项，可见党和政府对创新创业工作的高度重视，大学生创新创业政策的针对性与系统性也有了大幅度提升，政策体系及发展路径也已趋于完善成熟。

（二）大学生创新创业政策演变的特点

截至 2020 年，我国关于大学生创新创业政策的文件高达 400 项。复杂多变的经济背景、日益严峻的社会问题都能对政策支持体系及发展路径产生巨大的影响。由于创业政策在经济社会发展的不同时段具有不同的适用性，溯源各阶段我国社会经济发展状况，能大致归纳出政策发展的阶段化特点，从而进一步探究我国大学生创新创业政策发展的原生动力。

1. 以解决就业为导向的教育探索

随着 20 世纪 90 年代末国家实施高校扩招政策，高校毕业生人数开始逐步增长。国家数据统计局数据显示，2000 年，我国高校毕业生人数首次突破 100 万。然而高等教育的"大众化"并未给高校毕业生提供更多的就业机会：日渐膨胀的人才市场为了控制人才的需求平衡，进一步提高了企业单位的用人标准，以"优中选优"的方式只为少量大学生提供合适的就业岗位，导致一大批高校毕业生面临失业危机。为了应对大批毕业生"就业难"问题，2002 年 4 月，包括清华在内的九所高校率先开设创业课程，并陆续开展高校创业教育工作的实践。这是我国首次在高校范围内试点创业教育新模式，从这次创业教育实践中，国家已初步掌握高校创业发展的基本导向，为后续独立的大学生创业政策的制定提供了大致方向。

2. 以拉动经济为目的的创业推广

九所高校创业试点的成功为我国"高校创新创业新模式"开创了先例。政策制定者纷纷出台政策鼓励大学生自主创业，创业开始得到有效的推广。2008 年，金融危机给我国的社会经济造成巨大冲击：进出口总额急剧下降，国内生产总值增速放缓。政府决策者审时度势，果断采取措施推动全民创新创业，实现经济的复苏与回升，此举为我国创新创业提供了强大的动力。"以创业拉动经济快速增长"的热潮席卷全国。在全民创业的热潮之下，我国中小型企业利润总额增长了十倍，达到了良好的创业成效。

3. 以创新驱动为战略的发展导向

2012 年，我国一贯保持高速增长的 GDP 开始回落，意味着中国将遭遇自 1978 年改革开放以来，最严峻的经济转轨阵痛期，即"经济新常态"时期。2014 年 9 月，李克强总理在达沃斯论坛讲话上，首次提出"大众创业、万众创新"这一鼓励全民投入创新创业行列的强烈号召，之后他又在《政府工作报告》

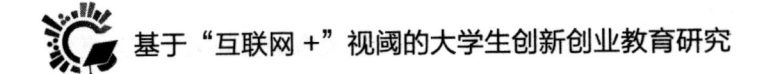

等重要场合中频频提到，为高校学生就业指明了一条新的途径，鼓励大学生积极投入创新创业中去。"双创"契合于"简政放权"的政府理念，为社会及市场释放更多自主空间，也是新一代领导班子的工作重心。在"全民创新创业"的政策背景之下，我国大学生创新创业政策得到政府决策者的高度重视，顺势提上议程，以"创新驱动"为战略的创业政策支持体系正式建立。

4.以针对性强化为主的系统完善

2018年，国内新常态下新旧动力转化出现阵痛期，导致大量就业岗位流失。不利的经济环境给我国大学毕业生创业创新造成了前所未有的困难，以大学生创业为主要规模的中小型企业利润总额开始出现连续下滑的趋势。原有的创新创业政策难以应对现实的危机，政策制定者开始寻求新的应对措施以针对性解决当下的问题。2019年末，全球爆发了罕见的"新冠"疫情，随着疫情规模的不断扩大，全球价值链和供应链风险挑战持续累积，大量企业面临倒闭危机。由于我国依旧正处于经济新常态时期，经济发展出现新的下行压力，就业市场饱和度较高，既定经济发展阶段的主要劳动力市场就业容量有限，大学毕业生数量的持续增长给我国就业民生问题带来了极大的挑战。谨慎处理国内的就业问题、激发创新创业能力带动经济发展成为当下创新创业工作的关键，大学生创新创业政策也在后期针对性的优化过程中逐步完善成熟。

二、大学生创新创业教育实施的发展历程

（一）自主探索阶段（1997—2002年）

1997年，清华大学经济管理学院开设了创新与创业课程，标志着我国高校创新创业教育就此拉开序幕。之后，复旦、武大等高校也将创新创业引入教学之中，这一时期的创新创业教育主要以创业计划大赛等为重要形式。

在世界科学技术快速发展，知识经济初露头角的发展背景下，人才资源在我国现代化经济的发展以及现代化建设战略的布局中发挥着举足轻重的作用。1999年，教育部在《面向21世纪教育振兴行动计划》中提出，实施"高层次创造性人才工程"和"高校高新技术产业化工程"，重点突出高校在国家技术创新体系中的重要作用。强调高校要充分发挥其人才和创新优势，完善师生的创业教育，积极创造机会和条件，助力师生积极参加到高新技术产业的发展中，使之成为培养创新人才的实践基地，推动新兴技术产业发展壮大，促进社会经济发展。这是我国政府对于高校创新创业教育的首次官方回应。但这一时期的创新创业教育更

第二章 大学生创新创业教育的发展历程

多的是服务于经济领域,仍然游离于高等教育之外,且较多地应用于职业院校,旨在通过提高人才质量,提高市场经济效益。

(二)试点推广阶段(2002—2010年)

2002年教育部确定在中国人民大学、武汉大学、北京航空航天大学等九所院校进行创新创业教育的实践试点工作,给予政策支持、经费支持等,鼓励这些学校采用不同科学方法推行创新创业教育的实践探索,高校创新创业教育由自主探索转向政府支持引导的发展阶段。

2003年,我国第一批扩招生面临毕业,就业形势不容乐观,众多大学生面临着就业难题。为了缓解就业压力,鼓励自主创业成为重要指引。2005年,KAB创业教育项目被引进到国内高校,这是在学习国外成功实践下的中国尝试,旨在鼓励大学生自主创造岗位,培养创新型人才。2008年,教育部又集中资源,建设了创新试验区,探索创新人才培养道路,在积极的实践探索中,各高校积极响应号召,开展基于校情的多样化创新创业教育实践。这一时期,主要以创新创业竞赛为重要牵引,取得了一些成功经验。如中国人民大学以课堂教学为主线,开设了"风险投资""创业基础"等相关课程,注重在创业知识结构基础上培养学生的创新创业意识。复旦大学还建立了创业管理学院,成立大学生创业园,注重创业技能的提升。这一时期的创新创业教育主要形成了以试点推进和项目引进为主的工作模式,在各高校的实践探索下,积累了大量成功经验。

(三)全面发展阶段(2010年至今)

2010年教育部发布《关于大力推进高等学校创新创业教育和大学生自主创业工作的意见》,标志着创新创业教育步入教育部行政指导下的全面发展阶段。教育部明确提出,创新创业教育的核心内涵是"面向全体学生、结合专业教育、将创新创业教育融入人才培养体系"。重点突出其育人本质,在确定其促进毕业生高质量就业创业功能的同时,更加强调创业文化精神的引领作用。强调要始终围绕人才培养本质,不断更新完善教学手段和方法,全面科学推进创新创业教育工作。

2015年国务院办公厅印发《关于深化高等学校创新创业教育改革的实施意见》,要求各地区、各高校把深化高校创新创业教育改革作为当前教育教学综合改革的重要任务。创新创业教育改革成为这一时期的主基调,国家共成立了19个高校双创示范基地、200多所深化创新创业教育改革示范高校。财政部共出资近10亿元助力改革示范区的建设,大力支持高校教育工作的开展。

总体而言，这一时期的高校创新创业教育更具体、更科学、更全面，突出强调育人本质，从突出促进就业功能转向学生创新创业精神的培养上。同时，通过新型人才培养机制，打破了学科专业间、学校与产业间、理论与实践之间的壁垒。高校创新创业教育的中国理念、中国模式正不断形成并完善。

第二节　大学生创新创业教育的发展趋势

一、世界发展趋势

（一）创业型大学的崛起

创新理论催生了创业行为，而最适合新思想生存发展且有充分创业资源的场所就是大学，尽管大学各有其独特的目标和具体过程，但是它们都紧紧围绕教学、科研和社会服务三大核心职能进行发展。

随着知识经济时代的到来，大学如何改变传统观念，发挥自身在知识生产和知识应用中的轴心作用，是大学必须做出回答的一个重要问题。大学的职能正在扩展，从传统的教学与研究到鼓励创业精神和行为、组织创新创业教育、开发产业等，是新形势下大学职能的重大变革，这一变化是一个符合逻辑的、主动适应外部挑战所做的积极响应。

学科、专业的结构特征和运行状况从根本上决定了大学的组织特性和创新创业教育模式。在当今经济全球化形势下，大学正在改变原有的科学研究、教学、社会服务职能的运转机制，进行适应性变革，在不断变化的环境面前寻找一条适宜自己生存的道路。随着战后创业相关课程在美国大学商学院的陆续开设，早期的创业型大学也迅速发展起来。自20世纪80年代起，创新创业教育在美国大学中走向成熟，创业型大学也大量涌现。大学开始广泛参与到各种经济活动中，频繁而密切地与产业界联系，出现了如研究中心、孵化器、技术转让中心等一系列辅助科技创业的机构。创业活动最突出的大学，如斯坦福大学、麻省理工学院，其创新创业教育也在全球名列前茅。

双创教育正在与大学充分融合，其组织模式已经从传统的、单一的商学院中心的"管理聚焦"模式，向"管理聚焦"与非商学院的"光芒四散"共存的模式转变，形成了全大学范围的双创教育。而作为创业型大学，也需要有高质量的、

第二章 大学生创新创业教育的发展历程

深入各学院的双创教育作为基础,并结合学校的其他研究、学生组织和资金等资源,构建一个创业网络系统,促进其创业活动可持续地发展下去。

目前,创业型大学一方面通过开发教育课程和项目来促进双创的发展,不断在各相关领域为本科生和研究生增加创业课程和项目,通过在学科中设置创业课程让学生对创业有更好的认识和了解。如美国科罗拉多州立大学的创新创业学位项目,为学生开发了多学科团队学习路径。德国慕尼黑工业大学创业俱乐部项目作为一个集成式的创业教育方式,十分注重创业实践培训,在学生创办企业的整个过程中全程指导创业者,给他们提供以实践为导向、需求为基础的教学内容,融合了不同学科背景的知识。另一方面,创业型大学以各种方式不断提高大学生的创新创业能力,提供实践机会和资源支持,改变了传统教学模式,让学生在工作坊、实习岗位等真实情境中参与和开展创新创业活动。例如美国伊利诺伊州立大学成立了专利诊断中心,向法律专业的学生提供撰写专利申请的机会。威斯康星大学麦迪逊分校通过"创业得力"项目帮助学生向富有经验的年轻创业者学习。日本工业大学在大学生创新创业教育培养中非常注重创新成果的转化与应用,鼓励教师在学校建立中小型创业企业,为师生在校园内开办企业提供工厂,师生可以共同参与到产品创新与企业生产中,在实际创办企业的过程中为大学生提供双创场所,培养双创能力。

(二) 全球创客运动蓬勃发展

创客教育是一种融合信息技术,秉承"开放创新、探究体验"教育理念,以"创造中学"为主要学习方式和以培养各类创新型人才为目的的新型教育模式。创客运动与教育的结合与碰撞已是必然,"创客教育"正在为教育的创新发展另辟蹊径。

当前,创客教育不仅在美国、英国和加拿大等发达国家开始风行,包括我国在内的很多发展中国家也逐渐意识到创客教育对高校双创教育的战略价值和实际意义,开始积极推动创客教育,以培养大批创新人才。2009年,美国白宫启动"创客教育计划",该计划旨在通过推动创客空间的建设以及发展各种创客项目,激发学生的兴趣和创造力,让每个学生都成为创客。同时,美国的创客教育正在试图将学校内教育与学校外教育连接起来,构建无所不在的创客空间,为所有学生发挥创意提供公平的机会和自由的环境。《2015地平线报告高等教育版》显示,创客教育将给高校教师的教与学生的学带来深刻变革,未来2~3年内,用于创客教育的创客空间将会在众多高校中得到采用。

由美国引领下的全球创客教育运动正在兴起，而且表现出良好的发展态势。美国高校通过多种方式推进创客行动。2014年10月，亚利桑那州立大学主办了由美国知名高校负责人参与的全美高等教育创客高峰论坛，讨论美国高校如何更好地参与创客行动，并在会上推介值得借鉴与学习的高校创客行动案例。研讨内容包括：探索如何将创客行动整合于现有的高校学位课程中；如何开发或支持当地创客空间的建设；如何在高校招生过程中将学生的创客经历、创造能力纳入入学考核内容；如何拓展、深化高校与本地创客的交流；如何更有效地支持本地社区更好地参与创客行动。参会者还可以直接加入创客工作坊，实际体验、参与创造过程以及创客行动规划过程。另外，美国高校也积极通过校际交流协同推进创客行动。

创客运动不仅可以充分激发人们的创新潜质，解决人类共同面临的社会问题（如气候变暖、环境污染、食品安全、恐怖主义、种族冲突等），还有助于创新文化的普及，带给民众更多积极向上、友好协作、开拓进取的正能量，促进社会繁荣。创客教育将推动人才培养模式的加速转型（从标准化转向个性化，从单一化转向多元化），培养大批"实战型"科技创新人才，为创新型国家建设提供人才支撑。

（三）建设生态系统，协同发展创新创业教育

高校的双创教育是高校内外各种组织、要素相互影响的一种实践活动。近几年，国内外的大学都在积极构建"创业教育生态体系"，这些"生态体系"虽然表现形式各异，但实质上都是通过整合各种组织、要素，实现"双创"的发展的。

德国慕尼黑工业大学既是全球知名和德国顶尖的研究型大学，也是较早将自己明确定位为以市场为导向的创业型大学。20多年来，该大学依据自身学科特点，不断完善创业支持机构、创业研究、创业网络、创业文化等要素，逐步构建了具有自身特色的创业教育生态系统，通过从生产者（课程体系）到分解者（机构组织）再到消费者（行业）的演进，并在催化剂（学生活动）作用下，实施整个初创公司孵化过程，最后通过消费者将信息反馈到生产者，完成整个创业教育生态系统的正常运行。

斯坦福大学则通过建立创业网络来形成自己的资源整合平台，构建创业教育生态系统。该系统2007年正式启动，将校内16个创业相关组织联合起来，这些组织在创新创业教育和实践中的职能和性质不同，旨在为斯坦福的各种创业项目

第二章 大学生创新创业教育的发展历程

提供一个共同的平台组织，为斯坦福师生、斯坦福社区、硅谷以及世界范围内与斯坦福创业有关的人员和组织提供服务。其主要职责有：为斯坦福所有创业相关活动提供网络门户；主持整个创业社区的教育和网络构建事件；组织斯坦福大学的年度创业周刊庆典；组织"创业教练热线"办公室，使学生可以与行业专业人士交流。为有创业相关需求的人提供了一个一站式的"全斯坦福创业"链接，促进各组织间的交流与合作，在斯坦福内外促进跨学科的创业教育和研究，整合了整个斯坦福的创业相关资源。

二、我国发展趋势

（一）顶层设计、政策驱动与自下而上的创业精神并举

2010年以来，国家和教育部门大力发展高校双创教育。党的十七大提出了"促进以创业带动就业"的发展战略，明确指出要"完善支持自主创业自谋职业政策，加强就业观念教育，使更多劳动者成为创业者"。在这一政策背景下，教育部先后颁布了一系列推进高校创业教育的文件。随后教育部成立"高等学校创新创业教育指导委员会"，这是一个涵盖企业家、企事业单位人员、高校教师和相关部门的专家组织，是在教育部领导下，对高校双创教育工作进行研究、指导、评估的专家组织，其主要职能如下。

①组织开展创新创业教育的理论和实践研究。
②指导高校创新创业教育的课程建设、教材建设和创业实践活动。
③组织开展创新创业教育师资培训、经验交流，宣传推荐创新创业教育优秀成果。

2014年3月，教育部建立4个司局（高教司、科技司、高校学生司和就业指导中心）的联动机制，形成双创教育、创业基地建设、创业政策支持、创业指导服务"四位一体、整体推进"的格局。

作为"大众创业、万众创新"政策的重要组成部分，双创教育的发展进入新的阶段。双创教育的环境得到进一步改善，政策支持力度也进一步加大，各高校都深入推进教学改革，双创课程、双创学院等形式不断多样化。

与此同时，企业家精神成为高校创业者的原始力量。他们通过开放社区、创客空间、创意集市、众创平台，聚在一起结成创客联盟、创客联合会等，在其中分享创意、参与创造和交流思想。而这些社群都是高校学生创客们自发组织的，是一种兴趣群体。

高校创客空间概念宽泛且多样化，为创新创意转化和创业孵化提供了集成平台，各高校的双创教育设施和空间各具特色，创业教育空间生成和激发了校园创客文化，学生在创建的创客空间基础上开展多样化的创造活动，以开放、合作和共享的方式主动参与到创新创业活动之中，形成了一种内生的、自下而上的双创精神。

（二）科研训练计划与创业项目相互融合

2012年2月，教育部发布《关于做好"本科教学工程"国家级大学生创新创业训练计划实施工作的通知》，成立国家级双创训练计划专家工作组，指导开展"创新训练""创业训练"和"创业实践"三类计划内容，在创新训练和创业训练基础上开展创业实践活动。

在一系列政策的推动下，高校双创教育发展走向纵深，按照"兴趣驱动、自主实践、重在过程"的原则组织实施了"国家级大学生创新创业训练计划"。该计划投入大、覆盖面广，在提升大学生的创新意识和创新能力方面取得了积极成效。

各高校通过形式多样的项目，积极支持学生参与科学研究，构建了国家、省、校三级双创训练组织体系，充分挖掘专业课中的双创教育资源，在专业院系开发依托于某一学科专业或交叉学科的创业课程，建立实践基地与训练体系。

（三）产学研协同创新的创新创业教育体系已经初步形成

高校具备的科研优势、学科门类综合优势、培养创新创业型人才的技术研究和科技创新优势等特征决定了其培养基于知识的双创人才优势。大学承担着大量的国家、省部委和企事业单位的科学基金项目，各类科技计划项目与技术开发项目，这是产生创新技术、工艺和产品的主要源泉。目前我国已经构建了国家、省、校三级双创训练体系。高校双创教育的优势还体现在许多国家级的重点实验室、研发基地/中心、大学生创新基地都在大学内，这是科技创业者首先要实现知识创新或技术创新的硬件条件。政府与企业共同助力双创教育发展，资金与项目支持并举。在高校大力发展双创教育的过程中，政府及企业对各高校在资金投入和项目孵化上均有一定支持。

第三章 "互联网+"视阈下大学生创新创业教育课程体系

创新创业教育课程是大学课程在发展过程中的新变化，基于自身的特点，创新创业课程有自己独特的课程体系。本章分为大学生创新创业教育课程的目标、大学生创新创业教育课程的现状、"互联网+"视阈下大学生创新创业教育课程体系的构建三个部分。

第一节 大学生创新创业教育课程的目标

一、大学生创新创业教育课程目标概述

经济和社会都在不断地向前发展，这促进了人们综合素质的不断提升，高校课程中进行创新创业教育将成为一种必然的趋势，其目标也会随着市场需求的变化而变化。创新创业教育不仅要确定基本原则，构建教育课程体系，还要确定创新创业教育内容、选择教学模式等。现在，中国创新创业教育主要通过课堂教育和实践教育相结合的方式来完成，以培养具有创业技能和创新精神的复合型人才。创新创业教育课程中技能传授只是很小的一部分，其核心在于对学生的创业意识和创新精神进行培养和提升，所以可以从以下两个层面制定大学生创新创业教育课程目标。

首先，要将创新创业意识的不断强化、创新创业技能的不断提升以及创新创业知识的不断丰富作为创新创业教育课程的目标。学生在经过创新创业教育后能够更好地认识到创新创业的重要性，有利于提高学生的创新意识和创业能力，帮助学生正确认识中国目前的就业形势。创业素质教育能够鼓励更多的学生进行自

主创业，既能解决自己的就业问题，还能提供大量的工作岗位，缓解目前国内严峻的就业形势。学生只有具有强烈的创新精神，才能有效地把握住创业机遇，为以后的创业打好基础。综合来说，创新创业教育课程的目标就是培养学生的创新意识和创业精神，为学生以后的创业活动提供条件和营造氛围，让学生在创业中体会到满足感和成就感，这对学生创业观念的改变也是非常有意义的，可以促进学生自主创业，提高创业成功率。改革开放为国内的学生提供了大量的机会和机遇，学生应该积极主动地提高自己的能力，增强自己的创业技能，积极进行自主创业，为实现国家富强和体现自身价值而努力奋斗。创新创业教育课程的实施也有利于创业氛围的营造，让学生具备一定的创业紧迫感和成就感，进而转变就业观念，强化创业意识，抓住机遇提升自己的创业成功率。

其次，开展一些专门课程的培训活动，为有创业想法和创新潜能的学生提供帮助，培养他们勤学苦练的意志，激发他们的创业勇气，从创业技能和创业意识两个方面来激发学生自主创业的意识。学生规划能力、抽象思维能力、管理创新能力以及应变能力等的培养是创新创业教育课程的主要内容，团队合作精神、沟通技能的培养也是创新创业教育必不可少的内容。这样才能使学生具备领导能力和融资能力，进而带好自己的团队，更好地处理突发事件。创业教育目标需要经过长期的、艰苦的奋斗和努力才能达成，而所有目标的实现都离不开实践。任何问题的发现和解决都是在实践中体现的。

二、大学生创新创业教育课程的共性目标

创新创业基本素质的培养是中国所有学校创新创业教育的共同目标。创新创业基本素质主要由两个方面的含义组成：先天影响因素，即人们常说的创业天赋，这是创新创业成功的基础和前提，是来自遗传的因素；创新创业社会环境，它是创业能否成功的后天影响因素。这两个因素在一定程度上具有比较稳定的特点。大学生创新创业教育课程的共性目标是培养大学生的创新创业意识、创新创业能力和创新创业品质。

（一）创新创业意识

创新创业意识指的是个体在生存发展上，主动以自己为指挥者和领导者，把握某些创造性生产活动主动权的意识。从经济活动角度考虑，就是一个人自己创设其拥有主导权的产业，自行投入资源经营管理的意识。创新创业意识属于主观的个体心理，因而其具有不稳定性，很难通过外部测量措施对其给予准确的程度

第三章 "互联网+"视阈下大学生创新创业教育课程体系

判断。美国学者欧文（Owen）采用社会行为学理论进行了高校在校学生创新创业意识的调查研究，通过从多角度采集测量不同专业在校学生的创新创业意识，提出社会化程度较低的专业的学生其创业意识相对较高，而社会化程度较高的专业的学生的创业意识反而相对较低，其认为此类现象跟社会化程度较高的专业创业成本也相对较高有关。其还通过多因素调查，分析了个体心理的因素对创业意识的影响，在此基础上提出，个体的心理独立性、自我意识、心理压力承受能力和创业意识的高低呈正向相关性，而个体的人格依附性、安全意识等和创业意识的高低呈反向相关性，并发现个人心理和主观意愿对创业意识的影响，不如专业状况与社会环境的影响突出。

因此创新创业意识可以理解为创业者对自身创新行为的认知和期许，对创业活动的态度与心理倾向。其内容大致可以归结为创新创业自主意识、责任意识、艰苦意识、风险意识、开拓意识与合作意识六个要素。在整个创新创业过程中，创新创业意识的作用是非常显著的，可以体现出创业者的社会属性。它是创业者在创业活动中的心理素质的体现，它的作用主要体现在创业初期。其中，创业的基本动机、创业企业家或者管理者的素质培养等都是创新创业意识的主要组成内容。

（二）创新创业能力

创新创业能力是职业专业能力、企业管理能力和个人的综合能力的有机统一，是个体实现创造价值的表现，也是一种心理机能的反映，具体包括思维能力、实践能力、环境适应能力等。创新创业能力根据提升途径的不同，分为创新创业硬实力和软实力。硬实力是指通过参加讲座、培训等获取的技能，比如注册登记公司、办理营业执照等；而软实力是指通过参与一些活动提升的个人综合能力，如机会识别能力、资源整合能力、沟通交流能力等。

创新创业能力主要包括以下五个方面。

①创新能力。目前，随着人工智能、互联网等新技术的快速变革及直播带货、粉丝经济等营销模式的出现，行业之间、企业之间、区域之间的竞争日益激烈，对创业者是否具有创新思维和创新能力提出了挑战，只有能够紧跟时代的步伐，才能适应外部社会环境的变化。

②学习能力。在创新创业过程中，学习能力主要包括信息收集研判能力、逻辑思维能力、想象力等，既包括对知识的学习，也包括在实践中、挫折中的学习。

③人际交往能力。在创新创业活动中，商务谈判、必要社交都是促成项目合作、实现成功营销的重要途径。而且面对不同的群体和不同的目的，都必须用适时适当的方式，树立自己和企业的形象，达成预期的目的。

④经营管理能力。创业在一定意义上而言，就是对技术、知识、人才等各类资源的整合利用、科学配置，这就需要包括组织能力、执行能力、统筹能力、规划能力等经营管理能力的支撑，因此，经营管理能力是企业实现稳定、持续、健康发展的核心所在。

⑤自我迭代能力。在高科技迅猛发展的当下，商业模式、服务模式、创业模式、学习模式都处于瞬息万变之中，加之创业过程中的很多不确定性，这就需要创业者具备自我迭代的能力，包括自我定位、自我反思及打破自我、重塑自我的能力。

（三）创新创业品质

创新创业品质是创业者在创业活动中所表现出来的个人道德品质。创业活动要获得成功并可持续发展，就必然要求创业者具备一定的创新创业品质，这样才能让创业活动符合国家法律法规的要求，不会在创业过程中出现违法乱纪的行为，这是创业实践顺利进行的必要基础。一般来说，创业者的社会道德认知、社会责任感、自我情绪控制能力以及思维行为模式等都是创业品质的表现。

三、大学生创新创业教育课程的个性目标

创业活动的开展是建立在创新创业教育的共性目标基础上的，创业活动的顺利开展离不开系统的创新创业教育，特别是开创性教育对创业的成功有非常大的影响，大学生创新创业教育课程要建立个性化的课程目标。创新创业教育的本质就是创造性教育，它也是高校创新创业教育个性化目标的体现。培养并提高大学生创业者的创业技能，充分利用社会环境的影响，使大学生具备一定的创新创业格局，也是高校创新创业教育课程的个性化目标。

（一）敏锐的洞察力和决策力

具备创新创业前瞻性有利于创业者准确地预测市场变化，把握市场商机和发展机遇，具备一定的市场竞争力。在做出创新创业决策的过程中，创业者需要具备一定的自主性，并具有决策能力，在强烈的创新创业意识推动下，合理地对自己的创业能力进行分析和判断。

（二）冒险精神和竞争意识

创业者在创新创业过程中需要具备一定的冒险精神，这样才能及时地抓住市场发展机遇，勇于尝试和实践，不怕失败和挫折。创业者要理性地看待市场竞争，面对市场竞争要奋起直上，不退缩、不害怕，敢于和竞争对手一争高下。

（三）坚强的意志和创新能力

创业过程是一个长期的、艰辛的过程，中途难免会遇到挫折、困难，特别是在创业初期和创业瓶颈期。这需要创业者具有坚强的意志力，不怕困难，迎头直上，排除万难，妥善处理问题。创新创业过程本身就是一种创造性的活动，打破常规是其最主要的特征，因此创业者的创新能力也是必不可少的。

（四）适应能力和沟通能力

创业者面临着瞬息万变的市场环境，创业者要做好面对政策制度、地理位置以及虚拟环境随时变化的准备。创业者的领导能力是创业成功的重要影响因素，要对全局进行把握，特别是在创业环境产生变化时，更需要有冷静应对的能力，吸取各方面的建议，及时做出合理科学的决策。而在这个过程中，交流沟通能力也是创新创业活动能够顺利进行的重要影响因素。良好的沟通交流能最大限度地激发团队力量，为创业成功创造有利的环境。

第二节　大学生创新创业教育课程的现状

一、创新创业教育课程体系初步形成

在横向专业基础的比较上，学者张楚廷将大学课程划分为人文类课程、科学课程与社会课程。在纵向学习内容的比较上，学者黄福涛将其划分为通识课程、专业课程与职业课程。创新创业课程在目标与内容的实现上，并不是排除在以上大学课程的分类之外的，而是依托大学专业课程与通识课程，在其基础上，通过新的课程内容的整合以及教学方式的改革来实现高等教育的目标。目前大部分高校都设置了通识课程与专业课程，通识课程所体现的防止学生片面发展的目的与创新创业教育的目标具有一致性。因此，创新创业课程将在通识教育的理念下实

现，在学科层次上属于通识教育课程的范畴。然而创新创业教育课程又跟普通的通识课程有区别，因为其自身的课程体系并不是很清晰，是各学科知识的综合与贯通，具有综合性的特征。虽然具有专业内容的参与，但与专业课程相比，创新创业课程内容并没有达到专业课程的深度与系统性。因此创新创业课程是大学课程综合化的一种表现，是将通识课程与专业课程联系起来的纽带，属于通识教育课程的范畴。

创新创业教育课程体系是一个完整的体系，对应多元的课程教学形式，选修课与必修课相补充、实体课与网络课相配合、创新创业理论课与专业课相融合、理论与实践相配合等。

（一）课程覆盖面广

由于高校对创新创业教育的高度重视，创新创业教育课程已经广泛开设。从研究型大学到高职高专类院校，都开设了创新创业教育课程，尤其是在面向全体学生的公共选修课中加入创新创业教育模块，使更多学生有机会接受创新创业教育，培养创业意识。

（二）课程体系多样

目前，国内部分高校已经形成了多样化的创新创业教育课程体系，大致可以分为3类：①面向全体学生的创业通识课程，以培养学生的创业精神和创业意识为目的；②以创业强化班和精英班为主的创业教育课程，以鼓励学生成为自主创业者为目的；③由国际劳工组织设立的创业教育课程，以普及创业知识和技能为目的。高校创新创业教育课程体系在培养学生的创业意识、创业精神和创业能力等方面都已初见成效。

（三）创新创业课程与专业课程的多层次融合

专业教育也称为专门教育，即学校培养出不同专业人才的教育，它能促进在校学生夯实专业理论知识，为将来就业时可能面临的阻碍做好充分准备。《中华人民共和国教育法》对专业教育的实施提出了要求，促进学生系统掌握所学学科或专业的理论知识，熟练运用所学专业的必备技能和方法，将学生培养成有能力胜任工作岗位的创新型人才。部分研究者认为专业教育就是依据每一阶段的学科发展状况和职业需求，按照学业分类，给学生讲授专业知识。高校倡导的专业教育理念：在夯实"基本理论知识、实践操作技能"的基础上，培养"会学、善学、

第三章 "互联网+"视阈下大学生创新创业教育课程体系

乐学与掌握专业理论基础知识和具备较高操作能力"的创新型人才,提升学校的专业教育质量,提高学生的竞争力。教育机构应符合办学要求与教学条件,建立以培养高素质人才为目标的专业教学体系,教育者也要具备良好的教育教学技能。依据各阶段学科发展情况和各行各业分类的需求,融入新教育内容,将学业分类,提高受教育者的专业技术能力是专业教育的重要目的。学校既要在促进学生掌握基础理论知识的基础上加入创新性教育理论元素,还要重视学生实践技术能力的培养,促进学生全面发展,改善教育教学模式。

对于专业教育,学者们通常有两种观点:部分学者认为专业教育就是根据国家行政部门发布的相关专业目录培养高素养人才的教育,还有一部分学者认为专业教育就是以各行业培养专门人才为核心目标的教育。其本质不是简单的职业技术能力的培训,而是夯实基础,弱化专业,在因材施教理念下培养标准化专门人才的教育教学模式。学生能够系统化、全面化掌握所学的专业理论知识和专业技能,重视实用主义特点,也能够担任专业领域实践操作工作或研究性工作。专业教育不仅仅包括了入职前的在校教育,也包括入职后的职业继续教育。根据社会岗位的需求,培养熟练掌握专业实践技能的人才是专业教育领域的培养目标,个人在社会中的生存发展依靠专业教育,社会各领域的经济发展更得依靠专业教育。

创新创业教育有机融入专业教育,其课程体系应逐步趋于完善。所以,高校应制定"创新创业教育有机融入专业教育"的多元化人才培养方案,培养既具备创新能力和创业能力,也能够熟练应用专业理论知识的高素质人才。同时,制定以提高创新意识为发展前提的人才培养方案,日趋健全"线下培训与线上指导相补充、课外实践与课内教学相契合、选修课与必修课相结合"的理论应用于实践的课程体系。随着创新创业教育体系的日益完善,促使学生的综合素质得到有效提升。

课程教学是创新创业教育有机融入专业教育的载体,"课程教学融合"需要创新创业类与专业类课程之间互相融合。具体表现在以下几方面。①两大类课程相融合并非简单地相加,而是两种课程之间互相交叉且渗透,将创新创业相关案例及理论等渗入专业教育中,而在专业理论课程中,将专业知识潜移默化地融入创新创业教育。这不但可减轻学习专业理论知识过程中的枯燥感,还能够加深对创新创业知识的掌握程度,体现课程的丰富性、多样性。总之,不能单一地讲授一种课程知识,应将两种课程有机融合。②重建教育教学课程体系。目前,高校专业的课程体系固化、单一,缺乏创新性内容与系统化教学模式。迫切需要

"政、校、企"三方共同建构适于当前需求的课程体系,弱化以讲授式为主的教学方式,开设多种形式相结合的课程。例如,头脑风暴式课堂研讨、知识竞赛与创业分享会等相结合,并随意转换教学场所。③构建多层次课程体系。基于差异化人才培养目标设置课程,差异化的课程体系有利于实现多样性人才的培养目标,打造符合当地发展水平的多层次课程体系。

1. 创新创业类专业课程的增加

创新创业类课程就是依据人才培养需求情况设置的课程,一般以"专业名+创业""专业名+创业管理"的联名形式建构,且由具备创新创业能力的教师负责讲授。斯坦福大学在可能实施创新创业活动的专业中不断增设创新创业类课程,比如21世纪初的跨学科领域合作的BI项目(即对已有的数据进行有效整合后做出明智的决策方案),学术创新与市场经济相结合,医学院、工学院、商学院的学生可选修相关科目,关注专业领域前沿发展趋势,直接影响了众多成功的创业人士。因此,大学生创新创业教育在课程设置过程中应依据人才培养需求,并借鉴国外的成功案例,建构符合当地特色的创新创业类专业课程。

2. 以课堂教学为载体融入创新创业教学内容

创新创业教育是一门集理论与实践于一体的综合性学科,应采取实例授课等教学方式,促进创新创业知识更好地融入各专业学科领域的教学过程中。比如,通过对国内外创新创业相关成功案例、精神内涵、历史经验等方面进行整合将大学生专业课程渗透于创新创业教学过程中。

3. 以实践教学为渠道搭载创新创业教学内容

高校各专业可依托实训基地与校企合作平台,建设创新创业实践教学基地,由"双师型"专业导师担任技术指导。学生主动投身于科研实践活动,不但能够提高学生的专业实操能力,也能培养学生的创新创业精神,而科研成果也是步入社会后极其重要的创新创业财富。同时学生积极进入创业孵化基地,亲身体验创新创业的各个环节,更能感受到实践的意义。

4. 第一课堂和第二课堂的融合

创新创业课程融入专业教育课程还有一个实施途径,即第一课堂与第二课堂的有机融合,将课堂活动与课外活动(校内社团活动、校外社会实践、实习经历)融合,营造出勇于探索、敢于创新,积极争取创业的良好校园文化氛围。高校为践行国家提出的创新创业人才培养战略,相继开展各种创新创业活动,创新创业活动成为第二课堂教育的重要组成部分。创新创业活动注重培养大学生的创

第三章　"互联网+"视阈下大学生创新创业教育课程体系

新精神、创业意识和创业能力，为大学生走向社会奠定坚实的能力基础。多数高校通过讲座论坛、比赛、实践模拟、大学科技园、大学生创业园、创业孵化基地等形式来实现，这些活动内容的优劣将会影响大学生的创新创业能力。

现代高素质人才的培养离不开第二课堂教育的全面开展，而灵活多样的活动作为第一课堂教学的补充，以更新人才发展理念、优化人才培养目标为首要发展前提。学生作为第二课堂教育的参与主体，直接受益于第二课堂的教育成果，同时学生在参与过程中自信、信念、自我评估情况也会发生变化，这直接会影响学生的能力发展。

基于人力资本的观点，教育作为人力资本积累的重要形式，对社会经济发展和劳动收入提升的影响已得到认证，而第二课堂教育作为特殊的教育形式，教育效益和成果受到多数学者的关注。第二课堂教育内容划分为：思想素质养成、政治觉悟提升、文艺项目、志愿公益服务、创新创业创造、实践实习实训和技能特长培养，这些内容从不同视角对学生的创业能力产生影响。其一，学术科技创新活动通过影响学生的学习方式进而培养学生的创新思维和能力。活动主要以学术文化交流、社会调查研究和学科竞赛等活动为代表，以学生为中心、以问题为导向的形式激发了学生的深层次学习动机，以小组合作方式分析问题、解决问题，营造了良好的学习氛围，以多样化的逻辑思维、差异化的认知方式进行观点碰撞和辩论，有利于大学生产生创新型想法。其二，第二课堂教育通过培育个人的某些特质进而影响创业能力。其三，第二课堂教育能够提升学生的知识应用能力，促进科研成果转化。学生通过参与创业大赛、科研竞赛等活动，将所学知识与实践相结合，进而增强知识应用能力。

组织创新创业挑战杯大赛、职业规划大赛及创新创业大赛等，以此为契机，积极鼓励同学们参加创新创业活动。在校园文化宣传栏中推广各类创新创业线上论坛、校友中的典型人物和实际生活中的创新创业成功案例，营造良好的创新创业氛围。运用线上媒体，如微信公众号、抖音APP等，宣传创新创业成功案例，给学生创造零距离与企业家交流的机会，使其切身体验前沿企业文化，促进第一课堂深度融入第二课堂活动，将创新创业教育落到实处。

综上所述，大学生创新创业教育融入专业教育是未来教育发展的新趋势，具体体现在人才培养方案、课程设置、实践平台及师资力量等领域，将创新创业教育落细落小、落地落实。两者的结合是高等院校教育发展的主流方向，唯有两者深度融合才可以培养出兼备创新精神和创业技能的高素质应用型人才。

二、大学生创新创业教育课程实施存在的问题

受到多种因素的影响，高校创新创业教育课程的实施效果不佳，主要表现为课程体系的整合度不高，课程内容的编排不够合理，教学方法的有效性不足等。

（一）课程体系的整合度不高

国内高校中普遍存在创新创业教育课程体系整合度不高的问题。为了全面落实创新创业教育的方针政策，各高校开设了多种形式的创新创业教育课程，但是不同的课程隶属于不同的管理和实施主体，彼此之间缺乏关联和整合，资源呈现条块分离，这些都造成了创新创业教育的资源利用率较低，重复和浪费现象突出。

课程体系方面，高校的课程虽然覆盖了创新创业教育的一些基础知识，但是没有形成课程体系。课程内容更新较慢，理论课程比重过大，实践课程相对不足，网络课与传统课程的比例失调。网络课程所占的比重过大。相比教室授课，网络课缺乏师生互动，教师无法获取学生的实时学习状态与学习效果的反馈，学生无法及时解决学习中的疑惑，因此无法实现创新创业教育的教学目标。此外，大学的创新创业课程体系缺乏与专业课的互动，而跨学科的知识融合是创意产生的根源。此外，大学的创新创业教育课程缺乏可持续发展性。

（二）课程内容的编排不够合理

课程内容作为课程实施的核心，其编排是否合理尤为重要。科学合理的教材是培养高素质创业人才的关键。绝大多数开设创业教育课程的高校都没有规范、权威的教材：有的教材是对国外教材的翻译或简单移植，缺乏与中国实际的结合；有的教材是将零碎的创业活动实践进行简单整理，理论深度不够，缺乏合理性；也有少量结合当地和学校自身实际情况而开发的校本教材，但是缺乏科学论证，大多是简单的拼凑。这些教材不能很好地展示创业教育的理论深度，不具备普遍指导意义。

就高校创新创业课程教学而言，其中的内容比较单一，基本都是结合教材来开展的，这样使得学生的兴趣不足，教学效果也很不理想。需要注意的一点：高校创新创业课程建设的主要目的就是发展学生的综合素养与能力，所以在教育教学中应该注重全方位信息的传达，单一的教学内容很有可能激起学生的抵触情绪，导致学生对创业有误解。部分教师在教学实践中过分看重专业知识，要求学

第三章 "互联网+"视阈下大学生创新创业教育课程体系

生死记硬背，进而难以达成良好的能力与素养培养效果，对学生今后的发展有着很大的不良影响。

（三）教学方法的有效性不足

作为实施创业教育的手段，教学方法也非常重要，而在实施创业教育的高校中，普遍存在教学方法单一、实践性和有效性差等问题。教学方法都是以理论知识的传授为主，与传统经管类、商学院的教学方法并无差异，缺少实践操作类的教学方法，如以项目为中心的教学方法不能很好体现创业教育的专业特色，更谈不上创业教育教学中的针对性。教师们大多认为，理论知识的学习是基础，同时辅以经验交流、实践锻炼等方法，从而使学生可以学以致用、理论联系实际，而学生们对创业理论知识的兴趣并不大，更喜欢亲自参与创业实践。

就当前情况来看，高校创新创业课程教学中存在显著的形式化特点。学生的热情严重不足，进而时常出现逃课、开小差等情况，对于教师布置的作业和任务，往往也是随意地应付。还有部分教师对创新创业课程内容的理解程度不深，在教育教学中往往就是照本宣科，缺乏良好的教学技巧，尤其是在理论知识教学中。这就导致课堂氛围十分沉闷无趣，教学目标的达成自然也就无从提及。

（四）课程设置不够完善

创新创业课程是在创新创业教育不断实践的基础上发展形成的，毫无疑问它是一门新兴的课程，是当前高校开展创新创业理论教育的重要平台和载体，是高校实现大学生创新创业教育目标的主要路径。目前有的高校大学生创新创业教育课程的讲授是以讲座的形式来进行的，也有部分高校单独开设大学生的创新创业课程，还有少数高校并未开设与大学生创新创业能力培养密切相关的专业化课程。在我国创新创业教育专业课程结构的设定上，存在着缺少整体性规划、课程形式单一、内容不够丰富等问题。当前我国创新创业的课程结构体系还不够健全，还未纳入正式的学校课程体系之中。

（五）师资力量不足

高校还存在创新创业课程与其他课程间存在知识壁垒，不同课程任课教师间联系不强等现象，这种割裂的学习模式直接导致学生虽然接受了创新创业教育，仍无法将其与其他课程内容融会贯通，知识框架也难以成型，从而导致了教学资源的极大浪费。此外，还有一些个性问题也影响了创新创业教育的效果。

对于高校教育而言，创新创业课程属于一门新兴学科，所以课程构建并没有过多的经验可借鉴，需要各方面的资源尽可能地完善，特别是师资建设，这是创新创业课程得以有效落实的关键所在。不过就目前情况来看，部分高校的创新创业课程教师队伍往往是临时组建的。进而在课程落实中，这些教师往往沿用以往的教学经验和方式，没能结合创新创业课程进行积极创新和改革。

第三节 "互联网+"视阈下大学生创新创业教育课程体系的构建

一、完善多层次课程目标建设

虽然创业教育的概念由国外发展而来，但创新创业教育是一个极具中国特色的新名词，正确理解概念与内涵是促进其发展的先行条件。我们国家的创新创业教育是以培养学生的创新精神与创造能力为重点的教育，是一个集创业知识和专业知识于一体的多学科交叉融合的新的教育范式。

有学者认为，课程体系的构建与实施，主要可以从两方面的目标要求来展开：一是培养什么样的人才，二是如何培养这样的人才。因此，课程体系的构建应以高校人才培养目标为基本依据和最终目的。虽然创新创业教育面向的是整个学生群体，但由于每个学生的创业兴趣、需求、专业等都不尽相同，因此课程目标应该从针对全体学生的共性目标和个性目标两个层面加以考虑。在针对全体学生的目标层面上，应该设置以培养创新精神、创业意识与能力为重点的课程，培养学生基本的创新创业素养，提高综合素质。学习者按照自身需求选择所学课程的方式是符合"互联网+"条件下创新创业课程体系的个性化原则的，在这种选课方法下，学生可以获得与自身条件相符合的学习路径。在此前提之下，高校必须重视学生个体的发展，关注其发展需求，了解其兴趣爱好，进而创设合理、科学、与学生发展路径相符合的个性化培养路径，从而克服传统人才培养模式的弊端，为社会培养更多符合市场需求的人才，体现课程的灵活性。

高校创新创业教育并不是要求每个学生都成为创业者和企业家，而是通过创新创业意识的培养，使学生能够适应社会的发展。针对情况各不相同的个体层面，创新创业教育课程体系的目标要求不应该"一视同仁"。面对具有强烈创业意愿的学生，可以以培育优秀的企业家为目标，根据学生自身的专业背景制定

第三章 "互联网+"视阈下大学生创新创业教育课程体系

个性化的课程。面对专业知识掌握牢固的学生，可以以培养精英型创业人才为目标，鼓励其参与到创新创业课程的研究中来，使其将自身的专业知识转化为科技成果并负责前沿科技成果的转化项目，慢慢成长为高新技术领域的前沿创业者。总之，创新创业课程的目标在整体上要具有统一性，但是在面对不同的学生群体时，则需要更加细致的、联系实际情况的、具有可操作性的多层次目标。

二、建立差异化课程体系

（一）丰富课程内容

"互联网+"视阈下，伴随着科学技术前所未有的快速发展，高等教育改革的要求也在不断提高。其改革的根本要求是匹配当前国家社会经济的发展特点和未来的发展需要，这就要求在改革方向的把控上不仅要满足社会总需求，也要符合当代大学生的特点，同时还要充分考虑到学校专业学科的设置情况等一系列因素。近年来，党中央、国务院已经不止一次提出要鼓励大学生参与到创新创业浪潮中。在这一大背景下，探索如何立足于社会发展、学生发展以及课程发展来强化学生创新创业意识和能力的培养就显得尤为重要，对全体高校的教育改革提出了更高要求，这些主要体现在课程层次的设计与设置上。

第一，基础性课程设置。万丈高楼平地而起离不开的是坚实的地基，同样，鼓励和引导大学生开展创业创新实践也离不开对基础能力的培养。尤其是在我们的社会经济文化生活中，数学、语言、文化、意识形态等通用知识更是必不可少的内容，其应用之广、应用频率之高是其他课程内容所难以企及的。高校可以积极利用"互联网+"技术，充分调动海量的网络资源来不断充实课程设计和课程内容，最大限度激活学生对基础性课程的学习积极性，以及学生对创新创业活动的兴趣和热情，并在这一过程当中，帮助学生初步找到感兴趣的领域或者希望进一步钻研的方向，为其接下来的专业知识储备和创业创新教育打下坚实基础。

第二，专业性课程设置。专业课程也就是我们常常提到的学科课程，如果说把基础性课程比作高楼大厦的地基，那么专业性课程就是这座创新创业高楼的骨架，是决定楼体高度、建筑风格、坚实程度的核心要素。所以说，在教授学生基础性知识的同时，高校要科学设置专业性课程以进一步提高学生的个人能力，这样一方面能够有助于学生深化对专业知识的理解，另一方面也能帮助学生通过专业学习来找到、找准自己未来的发展道路。更确切地讲，随着个人专业知识的不断积累，学生对于自身未来发展路线的考量会愈加全面，这对于提高学生创新创业成功率意义重大。需要特别指出的是，在当前国际和地区形势复杂多变的情况下，个人发展与国家发展之间的联系达到了前所未有的紧密程度，对于高等教育改革尤其是专业性课程设置而言，应充分考虑国家需要。

第三，创新创业型课程设置。高校在人才培养过程中要在课程设计环节引入创新创业内容的学习。由于这一类课程本身具有较强的内容针对性，因而在提升学生创新创业能力方面的效果也更为显著。可以说，学生创新能力的高低直接决定其未来创新创业成本的高低以及创新创业成功率的高低。高校应在课程设置中前置创新创业型课程学习，从入学伊始抓起，通过几年的系统性培养来实现学生领导能力、团队协作能力、创新能力的提高以及吃苦耐劳品性的锻炼。当前创新创业知识学习过程中教师可通过大量加入案例教学来吸引学生的目光，用身边人、身边事启发学生开展创业活动。

大学生创新创业教育课程大致可以分为学科课程与活动课程。在学科课程上共分为三种：创新创业通识课程、专业创新类课程、创新+创业类课程。

除此之外，大学还需要注意环境与隐性课程的建设。环境与隐性课程主要是指不是通过正式教学呈现，而是体现在学校环境中，以及对学生产生潜移默化影响的课程，如学校的物质空间、制度文化等。在实施创新创业教育的过程中，校园环境的隐性教育功能越来越重要，校园环境则通过潜移默化的影响传递社会价值观、构建学生的创业思维模式、提高学生的创新创业意识。大学可以通过校园物质环境的宣传与校园文化的结合，通过橱窗宣传、显示屏展示等来进行环境的布置，再结合校风、学风建设开展相应的活动，营造良好的创新创业氛围，对学生进行无声的创新创业熏陶，激发他们的热情，帮助他们形成良好的人格品质。

（二）建立多层次差异化课程体系

高校在开展创新创业教育时，要科学地划分教育对象，分层次、分阶段对学生进行培养和锻炼，提高教育对象的区分度，构建独具特色的多层次课程框架。在基础阶段，开设通识课程，面向的对象是全体大一学生，发挥创新创业教育"大众化"的特点，培养学生的发散性思维，让学生树立自信、自立、自强的企业家精神，通过通识课程的开展，使全体学生具备创新创业的基础知识。在提高阶段，开设创业管理和创业实务课程，要根据受教育者的学科专业进行划分，发挥创新创业教育"分类化"的特点，针对那些与创新创业教育联系密切的专业

第三章 "互联网+"视阈下大学生创新创业教育课程体系

的学生进行重点培养，主要是对创业实务能力进行巩固和提高，丰富学生的创业知识，使学生掌握规划企业、创建企业、运营企业的基本知识。在发展阶段，开展创新创业实践活动，面向的对象主要是有较强创业意向的学生，发挥创新创业教育"精英化"的特点。这一类学生作为潜力股，要有针对性地开展创新创业教育，对教育对象进行一对一的有效指导，为他们提供专门的创新创业服务；通过创业设计、创业竞赛等实践活动，培养他们的创新精神，激发他们的创业潜能，提升他们的创业实践能力，为以后的创业实践打下良好基础。

差异化课程体系主要涉及年级差异、学段差异和兴趣差异。年级差异主要指针对本科阶段的不同年级开设相应的课程内容，学段差异主要是指针对本科阶段与研究生阶段开设相应的课程内容，兴趣差异主要是指针对不同创业兴趣的学生开设相应的课程内容。

在年级差异上，目前大学在课程时间的设置上主要以大学四年为期限，要求在毕业之前取得相应的学分即可。创新创业教育应该是融入人才培养全过程的活动，也是一个循序渐进的学习过程，因此有必要对本科四年的时间进行相应的课程安排。对于刚刚进入大学的大一学生，首先应该对其进行创新与创业意识的培养，促进创新创业人格品质的形成。大二的学生经过一年的专业学习，对于本专业的专业知识也有了一定的了解，这个时候可以让他们进行一些结合专业的创新创业课程学习，并且逐步加入创业核心内容的学习，同时通过活动与实践课程，丰富他们的经验，使其将创新创业与自身专业结合起来，进行初步的理论转化。大三大四的学生即将面临就业选择，这个时候主要以实践与活动课程为主，提升他们的实操能力，为将来就业做好准备。

在学段差异上，目前大部分高校都只针对本科生开设创新创业课程，很少有高校针对研究生开设相应课程。大学在研究生培养计划中提出了创新创业学分的要求，主要是通过选修一门相关课程实现，相比本科生较为完善的课程体系，研究生的创新创业课程则显得更为简单，也没有形成相应的完整的体系。随着研究生报考人数的逐年增加，硕士研究生的毕业人数也在增多，对于硕士研究生群体开展创新创业课程，也是值得考虑的事情。硕士研究生阶段的相关课程，可以参考美国的百森商学院。百森商学院在1967年开设了全球范围内的第一门研究生创业管理课程，其课程在培养目标与设置上都区别于本科生课程。研究生课程以培养优秀的企业家为目标，在课程设置上分为第一课堂课程和第二课堂课程。研究生与本科生相比，在专业学习上已经有了一定的积累，能够在导师的指导下独立进行一定的研究活动。因此，这些课程不仅仅是本科生课程的简单延续，而且是在此基础上的一种升级。研究生创新创业课程还应该充分考虑研究生的特殊性，制定出符合其身心特点的课程体系。

在兴趣差异上，兴趣是最好的老师，也是学生进行职业选择的重要因素。因此，针对有创业兴趣的学生，应开设孵化性创新创业课程，让其可以更进一步接触创业课程及实践，进一步增强他们的创业意识。正在创业的学生在企业发展初期会遇到各种问题，比如如何让项目继续进行、如何获得更大的资金支持、如何开发自己的产品、如何招聘到心仪的员工等等，这个时候学校可以通过聘请一些优秀的社会企业家为他们进行深入的课程引导，使他们主动掌握新企业的成长技巧，不断提升管理水平。

（三）完善创新创业课程集群

互联网技术发展迅速，"互联网+"越来越多地融入教育行业，诞生了网易公开课等网络形式的课程教育平台。高校在建设创新创业教育课程的过程中也应当重视互联网技术的引入，逐步搭建起课程学习平台，将本校优质的相关资源纳入其中，让学生和创新创业教师都可以通过这种途径学习知识，提高自身的创新创业能力。

高校必须对自身的创新创业课程有一个明确的定位，认识到开设本门课程的根本所在，不断完善课程建设体系。目前，在较好的创新创业课程体系分类下，本门课程被分为显性、隐性两种类别。前者为专业课程、公选课程等学生的必修课程，也包含了新增的创新创业课程。但无论如何，高校设置本门课程的目的是提高学生的实践能力，因此，还应当建立起相应的课程评估体系和相应的标准，纳入学分考核。

创新创业教育课程是高校开展教学工作的根本任务和重要基础，为了将宏观抽象的创新创业教育工作转化为可操作的具体事务并落实到位、进一步提高教学实效，我国高校应在传统课程体系的基础上吸收借鉴外国创新创业课程设置的先进经验，对我国创新创业课程的内容和结构进行改革和调整，以建立科学合理、具有整体性和实用性的课程集群。

在课程内容上，应包括通识类教育课程、核心技能类教育课程以及专业融入式教育课程。通识类教育课程要将创新创业有关理论知识的精华部分加以整合提炼，同时融入本校的办学定位和人才培养需求，形成能让学生对创新创业的理论框架和主要内容形成初步了解的综合性、基础性课程。核心技能类教育课程要在

第三章 "互联网+"视阈下大学生创新创业教育课程体系

通识类教育课程的基础上拔高，重点传授创新创业原理和专业技能知识，涵盖的范围应涉及操作管理、策略管理、财务管理、法律、其他企业管理以及创新创业企业家个人素质等各个方面。专业融入式教育课程即将创新创业教育的思想内核融入各个学科专业课程当中，所有教师在进行学科专业教学时均能够将创新创业知识和思想加以渗透，于潜移默化之中启发和培养学生的创新意识和创新思维，力争做到"通识要通、技能要厚、融入要精"。

在课程设置上，要将通识类教育课程纳入必修课程体系，其他课程根据实际情况在必修、公共选修和限制选修类型中选择开展。注意将各类课程在结合学生的培养阶段和学生自身接受能力的基础上按照学年、学期进行优化配置和有机组合。在专业课程设置上既要保持学科体系的独立性，又要考虑与创新创业课程的交叉结合。此外，要针对学生的个性化发展需要提供针对性的课程服务，例如针对具有强烈创新创业实践意愿的学生重点开设集中式的技能培训类课程，提高其科研能力、企业运营能力。

（四）健全创新创业课程培养体系

课程体系是落实人才培训方案的核心。在制订专业性人才培养工作方案时做到以下几点。第一，要继续加快对优秀创新创业课程的建设；要进一步建立健全"互联网+"创新创业课程体系；要充分结合自己的办学特点重点打造一批课程资源丰富、适宜于网上在线开放的创新型创业课程。第二，要尽量开设一些与"互联网+"创新创业紧密相关，并具有产业特征的专门项目。探索实施相关课程学分管理方案，在课程体系与教材安排上着眼于研究方法、学科前沿、创业基础与指导等方面，要着力打造好优质的创新创业教育课程资源平台，为最终达到资源的共享打下基础。第三，要高度重视"互联网+"视阈下创新创业教育课程教材的编写工作等。第四，应根据我国创新创业教育的目标，把"互联网+"的创新创业教育有机地融入我国的专业性教育中，尤其是要在我国的学科专业性课程结构体系中融入"互联网+"的创新创业教育。

高校要重视创新创业教育课程建设，健全优化高校创新创业教育课程体系。针对不同学生层次和学生所处的不同阶段，设置相对应的创新创业课程，开设与多学科相融合的新型课程，鼓励学生对创新创业进行专业内研究、跨学科研究。同时增设创新创业实践课程，在课堂上采取多样化的教学方式，并进行案例分析、创业演练，为日后面对复杂的创业环境奠定理论和实践基础。

三、全方位多举措保障课程质量

（一）积极开拓新的课程资源

随着创新创业教育的发展，对于课程资源的开发也逐渐成为需要考虑的问题。大学在课程资源方面，目前主要集中在传统的课程资源上，包括高校实施的通识类选修与必修课程、创业讲座与培训等，虽然也进行了一些校外课程资源的开发，比如说产学研合作等，但受众人群有限。在"互联网+"视阈下通过线上和线下两种方式，开发新的课程资源，就需要扩大课程来源的渠道，充实课程内容。

"互联网+"视阈下，可以充分利用互联网线上教育，以其强大的传播力量突破传统课堂教育的时间、空间限制，汇集众多其他优秀的教育资源。一方面线上教育促进了优质资源的共享，比如目前影响最大的网络慕课，就突破了课程师资的限制，使得一些创新创业课程师资不强的高校也能享受到优质的师资。慕课的师资大多来源于各大高校优秀的创新创业老师，或者某一领域的专家，具有较高的教学水平，在课程制定的过程中，都严格地进行了推敲，授课内容与过程都很有规范性，课程质量比较高。当高校的课程资源不能够满足学生需要时，可以加强线上课程资源的学习，既节省了成本，又方便了学生，同时也扩大了教学资源。另一方面，线上资源借助互联网平台，能够为学生模拟创业过程提供很多途径。创业毕竟有风险，面对一些有强烈创业意愿的学生，网络模拟创业能够很好地规避风险，同时为学生提供实践机会。以国内外刚刚兴起的创新创业虚拟仿真实训平台为例，在这个平台上，学生可以自主创建公司，模拟一家公司从注册到赢得利润的全部过程，同时还会提示各种注意事项。平台也会提供理论知识的学习、创业交流和创业考试等多项选择，学生可以自由选择在模拟环境中的角色，并进行相关的实践。这就很好地规避了很多风险，同时也满足了创业学生的实战学习需求。

校外资源主要是指通过一些社会市场机构的介入，比如说金融机构、社会培训咨询机构等，为大学生创业提供经费、服务、场地、专业人才培训等。通过整合社会资源，优化创业外部环境，为大学生创业提供实践平台。校外资源的开发能够使学生将校内课程资源更好地吸收消化，使其在实践过程中更加直观地感受企业发展的过程。同时社会中好的企业家也能够在一定程度上充实课程师资，通过在校内开展创业讲座、传授创业经验等在一定程度上也会提升教学质量。

第三章 "互联网+"视阈下大学生创新创业教育课程体系

（二）健全创新创业教材体系

创新创业教育课程的教材的编写情况，反映了高校利用创新创业教学资源进行人才培养的综合能力。为了实现服务于市场经济结构转型升级的高质量人才培养目标，高校必须重视教材编写工作，力争建立个性化、国际化、立体化的创新创业教材体系。

在教材类型上，不再仅仅局限于传统图书、学术报告、论文、讲义等，要充分利用"互联网+"视阈下的现代化电子技术向数字化教材领域拓展，加快完善创新创业信息数据库、技术平台，开发创新创业电子教材，在现代化高等教育理念的指导下依托电子信息网络平台开发普及性通识教材、与社会市场相匹配的专业技能教材，通过组合多媒体资源形成结构多样、互动形式丰富的立体化教材。

在教材编写上，要在对教学发展现状和行业需求进行充分了解的前提下根据创新创业的动态变化过程及时更新教材内容，做到与时俱进。组建由创新创业行业专家、优质教师及优秀企业家组成的高质量编写团队，深入企业实施创新创业调研，了解国际前沿理论知识与创新技术，对创新创业行业发展前景与人才需求进行宏观把握，在创新创业数据资源库中鉴别和筛选符合教学要求的电子信息并整合优质资源，通过确定目标、设计结构、计划编写、调整优化等程序编制高质量创新创业教材。

（三）加强教学保障与师资建设

课程教学是实现思想引领和内容传播最直接、最系统的方式。这就对高校的课程教学提出了较高要求，在课程设计上要充分参考学生个性和市场人才需要，充分发挥其应有的教育引领作用。从这一层面来讲，传统教育已不再适合当代高校创新型人才培养的发展需要。对于现阶段教学改革工作而言，高校应更加关注教学模式，从传统的填鸭式教学向递进式教学转变。具体讲，就是要在新生阶段尽快引入普适性的创新创业教学内容，将创新创业思维植入基础性课程、专业性课程教学环节，在潜移默化中使学生养成创新习惯。同时，要更加注重教学形式和教学内容的设计，要更加贴近社会热点和学生生活，通过引起学生共鸣的形式激起学生对创新创业活动的关注，进而探索实践相关学习内容，深挖专业领域潜藏的创意。

教师的能力和责任心对学生成长具有深远影响。就创新创业教学体系而言，

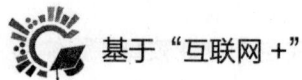

高校教师本身既是参与者，也是推动者，更是主导者。想要打造精品创业课程，培养高质量创新人才，高校就必须高度重视专业化教师队伍建设。一方面，从理论教学角度，高校可以通过引进的方式广泛选拔海内外在创新创业领域成绩突出的专家学者，让其作为专任或者客座教师参与学校创新创业课程体系的构建。另一方面，从实践教学角度，高校可吸纳海内外创新创业领域卓有成就的企业家，让其参与学校学科实践平台的建设。从学术和实践两个角度共同发力，推动创新创业学科教育模式建立、发展和成熟，并在这一过程当中打造一支专业水平高、实践能力强的教师团队。

第一，从国家层面来讲，有关部门应加强对高校创新创业教育体系建设的顶层设计工作，强化对知识产权的保护力度。根据经济社会发展形势制定教育指导方针，各地财政部门应落实教师保障要求，为高校创新创业课程教师提供专项实践补助或成果奖金。同时，人社部门应对创新创业课程教师明确资格认证要求，如从业门槛、认证要件、实践年限等，以帮助高校确立更为清晰的选人用人标准。

第二，从高校层面来讲，要进一步建立健全学校教职工管理体系，明确科任教师各司其职的管理要求，并在校内选拔出能力优秀、综合素质过硬、思想意识坚定、成长空间较大的师生，通过联合培养、企业实践、出国访问交流等方式完善和提高其创新创业方面的知识结构和实践操作能力，从而构建归属感更强、视野开阔、能力足够稳定的教师团队，从而实现高校创新创业专业任课教师的"自我造血"。此外，由于创新创业所涉及的专业范围广、知识体系杂，因此从教师队伍组建角度看，选人用人应不拘一格，打破单一性的对口专业硬要求的传统思维，广邀经济、管理、工程、数学，乃至计算机等领域的教师加入创新创业课程教学中，从而构建内容多元、层次分明、学科交叉的学习氛围，使学生更能具备处理综合性、复杂性问题的能力。同时，高校还应加强校际合作、校企合作，建立校、企、政于一体的教师交流培养平台，并积极与海外高校、研究机构建立长期稳定的合作关系，为教师国际化培养提供便利通道。

第三，从教师层面来讲，创新创业教育课程本身具有较强的时效性，教学方式及学习内容与社会发展联系紧密，更新速度也更快。因此，课任教师应具备较强的自我职业规划能力和不断超越自我的意识，同时兼具高度的责任感和使命感，能够正确审视自身在授课以及成长过程中所欠缺的能力，并有针对性地加以改善和提升；对于自身优势及特点予以最大化地利用，将其融入教学环节当中，使学生能够最大程度获益，进而提高人才培养的质量。

第三章 "互联网+"视阈下大学生创新创业教育课程体系

教师是实施创新创业课程的主体。好的教师能够在课程教材的开发、教学方法的应用、教学目标的实现等各个方面起到关键作用。创新创业课程的教师首先应该具备创新创业的精神，拥有创业基础知识与技能，然后在实践方面有丰富的实践经验，并且能通过专门的考核获得职业指导资格。教师人员的选择可以校内与校外相结合。在校内教师的选择上，可以选拔专业知识过硬的教师，建立专业化的学校专职教师队伍，对其进行创业教育理论的指导和技能的培训，使其提高基本素质，然后可以通过参加创业模拟活动、在企业见习等方式让教师获得一定的创业体验，以便在日后的教学过程中能够分享给学生真实的创业感受，引导学生从自身出发，激发创业热情与创新思维。在校外导师的选择上，可以聘请校外结合自身专业进行创业实践的成功企业家担任学校创业导师以及顾问，让他们联合学校专职教师进行一些创业教学与研究工作，将两者相结合，建立一支以学校专业教师为主，校外优秀的"学者型企业家"为辅的专、兼职相结合的师资队伍。

四、构建多元化的课程评价体系

（一）构建多元化的评价主体

创新创业教育课程不同于专业教育课程，具有很强的实践性，与社会联系也较为紧密，因此在评价主体上不仅需要涉及学校的师生，还会涉及专家学者以及一些社会群体等。创新创业教育课程评价的主体包括高校、师生、专家、企业、社会等。教师与学生是教育者与受教育者，也是课程实施的先行条件，教师与学生对于课程的评价是最直接与真实的，也是最能反映课程实施存在的问题的。目前在课程评价方面主要也是从教师与学生两个主体出发，学生主要是通过教务处课程评分系统进行打分，教师主要通过平时课程考核的方式进行。专家学者拥有专业的课程设计方面的知识，主要是对学校整个课程的目标、内容、实施等各个要素进行评估，确保课程的科学性。因为创新创业课程与社会联系的密切性，因此除了学校内部的评价主体，还可以通过一些社会群体进行评价，比如企业、媒体等。企业是学生进行实践活动课程的场所之一，学生将知识在这里转化为实际行动，因此，企业可以对学生所学课程的实践效果方面进行评价。媒体可以通过报道毕业生的社会影响力、就业创业率等来综合评价。不同评价主体评价的角度不一样，带来的观点和建议也不一样，多元化的评价主体能够促进创新创业教育课程不断改进。

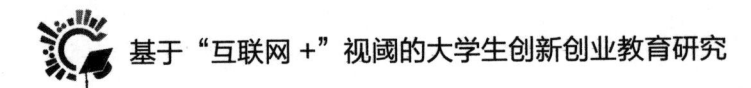

（二）创新评价内容

创新创业教育课程不同于学科课程，即使是创业理论课程，也最好采用理论与实践相结合的方法，比如在创业通识课程的考核中，可以通过让学生组队调研、撰写调研报告与商业计划书等方式进行考核。对于创业管理或营销类课程，可以让学生在谈论营销策略的基础上，自我选择商品以路演等形式落实营销政策，最后要求学生联系自己的实际撰写心得等，强化学生的学习体验感。

对于创新创业实践与活动课程，教师应该多多鼓励学生参加各种竞赛，采用过程性评价方式，将评价贯穿课程学习的始终。不以学生最后实际的创业行为或者创新发明数量为评价标准，而是关注学生在知识与技能、过程与方法、情感态度价值观等各个方面的变化，进行综合评价。因为创业活动具有长期性，因此评价也应该坚持短期评价与长期评价相结合的方式。对于那些创业意愿强烈或者将创业行为付诸实践的学生，学校应该建立长期的评价机制，将学生课程学习之后的创新创业情况、学生综合素质的变化等情况纳入评价体系之中。

第四章 "互联网+"视阈下大学生创新创业教育实践教学体系

实践是检验理论知识的重要途径，大学生创新创业教育作为实践性教育更应重视实践教学，激发学生开展创新创业活动的积极性和持续性，推动大学生创新创业教育实践体系优质化。本章分为大学生创新创业教育实践教学体系的现状，"互联网+"视阈下大学生创新创业教育实践教学体系的构建两个部分。

第一节 大学生创新创业教育实践教学体系的现状

一、创新创业教育实践教学体系概述

（一）实践教学体系的内涵

实践教学是相对于理论教学的各种教学活动的总称，包括实验、实习、实际设计、社会调查等，旨在使学生获得感性知识，掌握技能、技巧，养成理论联系实际的作风和独立工作的能力。这种对实践教学的定义是从其内涵和外延来理解的。

按照系统论的思想，教学体系是指为了达到教育目的，而由教学活动相关要素构成的，并以一定稳定结构形式存在的，实现特定教学功能的，相互影响、相互作用的有机整体。对于教学体系的构成要素，有经典的三要素说，即"学生、教师和教材"，但是现在大部分学者认为教学体系的构成除了学生、教师和教材外，还包括教学目标、教学内容和教学环境。

实践教学体系是一个有机的整体，大部分学者都认为其有狭义和广义的内涵之分。总体来说，由目标、内容、管理、评估体系等要素构成实践教学体系整体

是按照其广义层面来描述的，该体系把实验、实训、实习、毕业论文等环节作为实践教学活动，把体系的管理、评估、条件保障作为实践教学体系的环境资源来加以重新认识；而狭义的实践教学体系是指实践教学的内容体系。实践教学体系是以实践教学人才培养目标为核心前提，以实践教学活动为主体内容，并以相应环境资源作为支持条件的一个有机联系的整体。

（二）实践教学体系构建的理论依据

实践教学与学习论的思想密不可分。它们不仅为实践教学体系设计提供理论指导，也为人们认识教育本质、确立教学目标、选择教学内容等提供重要的理论依据。学者们对学习的探讨从未停止过，无论是行为主义心理学创造的"刺激—反应"学习理论，还是认知主义心理学家对人类认知过程的研究，社会因素和个体因素已经成为学者们关注的焦点所在，特别是建构主义学习理论对教育思想产生了重大影响。

皮亚杰是建构主义学习理论最有代表性的一位心理学家，他认为人们对于外部世界的认知是在与周围环境的相互作用过程中逐步建立起来的，是由人自身的经验慢慢形成的。现代建构主义在教育领域中提出了新观点，即在特定的教学情境中，学生通过教师和同学的帮助，利用自己已有的知识经验或者学习基础，主动对新知识进行构建。也就是说知识是需要学生主动获取的，而不是对外部刺激做出机械反应。建构主义强调，情境是学习环境中最重要的要素之一，更符合实际情境的学习环境可以使学生更好地利用自己原有的认知水平对相关知识进行经验建构。建构主义学习理论强调的是"以学生为中心，教师起指导者作用"，这与大学生创新创业教育实践教学的理念是一致的，所以我们将建构主义学习理论作为大学生创新创业实践的指导思想是适宜的。

（三）实践教学体系在创新创业能力培养中的作用

高校通过实践教学，培养的是学生的实践动手能力和发现问题、解决问题的能力。在创新创业人才培养的要求中，学生创新创业能力的核心就是创新，而创业则是在具备一定程度创新的基础上升华得以实现的。实践能力是创新能力发展的基石，高校构建面向创新创业能力培养的实践教学体系是符合现代教育要求和社会人才需求的。

构建实践教学体系是连接学生理论知识和实践能力的重要手段。学以致用是人们从古至今都崇尚的知识获取和使用的目标。实践教学培养学生运用知识、创造知识的能力，使学生能真正做到用理论指导实践，为其毕业后进入社会工作创造必要条件。实践教学培养的是学生的实践能力、创新能力和创业潜能，而只有具备完善的实践教学体系才能更加系统化地发挥实践教学的作用，是学生能力发展的必要条件。实践教学是学生创新能力培养的基石。学生创业潜能的激发离不开创新能力的积累，创新能力的积累离不开实践能力的提升。若没有实践能力，则创新能力是不可能得到发展的。学生在实践中不断积累自己的实践能力，形成良好的创新意识，无形中会使自己的创新能力逐步提升。实践教学更深远的意义在于促进学生个体的全面发展。

二、大学生创新创业教育实践教学体系存在的问题

（一）对实践教学的认识和重视程度有待提高

目前一些高校受传统教学模式的影响，重理论轻实践、重知识传授轻能力培养，实践教学长期处于高校教学活动中的次要地位。在高校目前制定的人才培养方案中，以理论课程为主，以实验环节为辅。这种实践教学定位和人才培养模式已经难以满足学生实践能力和创新能力培养的需求。实践教学活动，一方面，使学生将理论知识带到实践中解决实际问题；另一方面，锻炼学生发现问题、分析问题和解决问题的能力。由于这些是理论教学难以替代的，因此，高校需要尽快转变教学观念，确立实践教学在创新型人才培养过程中的主体地位。

（二）高校实践教学改革缺乏整体规划

很多高校把实践教学体系构建的重点放在了实践教学活动上，虽然开设了实验、实训、实习等多种实践教学环节，且各个环节具有一定的时间保证，但是各环节之间缺乏有效的内在联系和有机结合，这种无序的状态，与创新创业教育有较大的差距。实践教学体系作为相对完整的教学体系，具有相对独立性。在建设、实施的过程中，应避免片面性、孤立性，需要紧紧围绕专业人才培养目标，运用系统性思维和整体优化的思想指导实践教学体系的构建。

（三）实践教学体系构建需要挖掘与之相适应的环境条件

与高校理论教学相比，实践教学活动的开展需要投入更多的人力和物力，不仅受到实验设备、实验场所和实践教学师资等条件的限制，还需要得到社会、企业的支持，操作起来难度相对较大。在实践教学硬件设施的建设方面，实验室的

建设、设备的更新、实验条件的改善都需要大量的资金投入，一些有能力的高校虽然建设好了实验室，但是缺乏合理的运行和共享机制。另外，在实践基地的建设方面，许多高校建立的校外实践基地数量不足，且其中有相当一部分稳定性不高，难以使实践基地发挥最大的效用。

第二节 "互联网+"视阈下大学生创新创业教育实践教学体系的构建

一、大学生创新创业教育实践教学体系的构建原则

（一）广普性原则

全国各地高等院校大力响应党中央的号召，积极开展创新创业教育。"大众创业、万众创新"，这意味着创新创业就要面向大众和全民，而高等院校构建创新创业教育实践教学体系要面向全体学生，要渗透到人才培养计划的全过程，必须坚持广普性原则。创新创业的实践教学体系并不是让少数学生参与实践孵化活动，也不能简单地用创业企业数量来衡量。高校要以实践教学为突破口，关注所有学生的创业能力的提高，全面推动高校的创新创业人才培养工作。

（二）一体化原则

大学生创新创业教育实践教学体系需要多个系统共同作用，形成合力，需坚持一体化原则，即理论与实践一体化、课内与课外一体化、校内与校外一体化。这不仅涉及学生在课堂内的实践教学和课程，还关乎学生课堂外的一系列教学管理；不仅要实施好校内的创新创业实践教学，还要将教学延伸到校外，充分利用学校、企业、社会的资源，形成产学研合作等多种模式。另外，还需统筹校内外多方资源，形成学校培养、政府支持、企业配合、多主体参与的创新创业教育实践教学体系。

（三）目标性原则

大学生创新创业教育实践教学体系的构建必须紧紧围绕培养大学生创新创业能力这一人才培养目标来进行，要把培养既具有扎实的理论基础，又具有较高创

第四章 "互联网+"视阈下大学生创新创业教育实践教学体系

新素养和较大创业潜能的学生作为实践教学体系的出发点。制定的实践教学体系人才培养目标应该根据高校人才培养规格、专业学科特点及发展规律、社会对人才的需求来进行明确的、有针对性的具体目标设定。

(四) 系统性原则

大学生创新创业教育实践教学体系的构建，应该根据高等教育的规律、人才培养特点，按照各个实践教学环节的地位、作用及相互之间的内在联系，运用系统科学的方法进行统筹安排。实践教学环节的时间安排要保持连续性，要处理好实践教学与理论教学的关系，合理分配课时比例，保持整个教学过程的系统性。实践教学与理论教学相互衔接、相互渗透，使体系内的各个环节协调统一，贯穿于高等教育的全过程。

(五) 层次性原则

大学生能力的发展是一个循序渐进的过程，遵循这一客观规律，大学生创新创业教育实践教学体系也应分阶段、分层次逐步深化。其实践教学目标要由易到难，实践教学环节由简单到复杂，实践教学方法由单一到综合，分阶段、分层次循序渐进地加以构建。

(六) 实践性原则

实践出真理，因此，大学生创新创业教育实践教学体系的构建要有利于学生实践能力的培养，主要体现在实践教学目标要符合社会发展规律和人才需求，除培养学生的应用实践能力外，还要注重创新创业能力的培养，以满足学生自主发展的需要。在教学内容上，应突出知识更新的要求，以实践、实训活动为主导，模拟真实的环境来开展实践教学。

二、大学生创新创业教育实践教学体系构建路径

(一) 树立创新驱动的实践教学理念

众所周知，创新能够引领发展，随着经济全球化进程的加快，产业革命愈演愈烈、技术创新也不断加快，经济结构发生了巨大变化，从而导致经济竞争和科技竞争的主战场产生了变化。创新能力也逐渐成为提高国际经济竞争力的关键所在，也间接展现了综合国力。因此，让创新教育在"互联网+"时代具有跨界、

融合、开放、共享等显著特征尤为重要。从学校开始，进一步拓宽高校创新教育的方式，强化创新需求导向，倡导高校积极聘请知名学者、科学家、企业家和投资人参与创新教育课程教学，壮大教学队伍。

高校除了加强创新型人才培养外，还应在引导和推动大学生参与课题攻关、技术创新等方面发挥积极作用，让大学生将理论学习落实到实践中来，结合到市场需求上来，让大学生对市场需求、项目实施有更为深刻的理解，同时为产学研落地打下基础。

作为承载大学生创业的重要载体，实践教学的主要作用还包括激发大学生创业者的创业动力，重点则在于人才培养和管理模式的创新上。实现人才培养模式和管理模式的创新，需要紧密联系好高校和实践基地，加强双方合作，充分调研好大学生的创业需求，制定创业人才培养方案，提升创业者的理论和实践能力。通过特殊教育、专题讲座、企业论坛、专家授课、专项能力培训等多种形式，激发学生的主动性和思维，培养他们的创业意识、创新精神以及创新创业能力。通过优化教育方式和实践形式，辅以课程、教学、管理、实操培训等多个环节的制度改革，探索政府部门、社会力量之间如何形成合力，助力创新观念深入人心、创新创业教育实践落到实处。

（二）建设创新创业实践基地

实践教学基地建设可分为校内实训基地建设和校外实习基地建设两个方面：校内实训基地主要是面向本校师生，采取校企结合的模式，在校内开设企业培训课程；校外实习基地需要依托企业的老师，按照企业生产实践的真实需求，参与学生的校外实习教学环节的管理和指导工作。良好的实践环境是培养学生实践能力和创新能力的重要基础，高校还应扩展校外实习基地，采取校内外共建相结合的思路，为推进实践教学改革提供基本环境保障。

大学生创业基地具有社会公益事业性质，政府应在资金上、政策上给予支持。但从国家和目前一些地方财政的承付能力看，不能完全依赖政府的支持。创业基地要通过探索开发满足市场需求的服务产品、服务方式，不断提高创业基地的自我生存能力和自我发展能力。

充分发挥高校内部实践基地的创业孵化功能，实现大学生创新创造能力的提升。为校内创业实践群体提供专项扶持资金，提供工商注册和企业培训等全流程服务，简化创业项目的手续办理，便于大学生积极地开展创业实践训练。创业孵

第四章 "互联网+"视阈下大学生创新创业教育实践教学体系

化园,顾名思义主要是指政府主导的为大学生群体建立的集政策保障、资源支持于一体的创业环境。从政府层面来看,国家财政、税收等部门就曾明确提出对科创企业孵化单位进行税收减免政策,一些地方政府也通过专项补贴、审批优先等方式支持创业孵化园良性运营。国内主要创业孵化园主要向大学生创业群体提供定期创业培训、项目路演、投资人对接等一系列服务,为初创企业和创新项目提供全方位支持。高校应加大投入,密切自身与创业孵化园的联系,助力学生更好融入创业实操环境,同时将成熟的研究成果引入孵化园运营,实现学术成果向社会生产力的转变。

(三)"互联网+"背景下的创新创业教育实践活动

1."互联网+"创新创业大赛

创新创业比赛是调动和激发广大大学生对创新创业的兴趣,深化创新创业教育和制度改革的一项重要举措。高校要积极组织各个专业的"互联网+"创新创业大赛。通过积极组织和举行一些创新和科研实践大赛,发挥高等院校在科研实践工作中的引领和示范作用,促进科研实践工作的深入开展,带动高校科研实践技术人才培养模式的转变。

高校应结合自身的人才培养方案和专业特点,建立对师生的激励制度,激发师生的参赛热情,全力组织师生参加创新创业类竞赛及实践活动。

一是围绕高校创新创业人才培养的目标,积极举办具有时代特色、专业特色、学术特色的创新创业竞赛活动。创新创业学院(中心)牵头,与教务处、团委和各院系结合专业特点和实际,精心策划、组织开展 ERP 企业沙盘应用能力大赛、创业实践技能竞赛、创业知识竞赛等类型的专题竞赛活动,并努力推进校内创新创业竞赛活动的规模化、品牌化、届次化。

二是积极培养优秀学生团队、打磨优秀的项目,参加省级及以上的创新创业类大赛,以此来激发学生的学习兴趣,提高学生的创业实践能力,促进学生全面发展。

三是积极引导学生进入教师的科研项目、进入各类实验室,参加实践训练,重视过程引导,鼓励学生以 PPT 答辩、项目路演等多种形式进行,以训练学生的公众表达能力、团队打造能力、处理突发事件的能力。

2."互联网+"社团活动

学生开展"互联网+"创新创业实践和形式多样的创新创业竞赛活动的重要

载体是学生社团或俱乐部,也就是社团活动。实践证明:通过社团活动,可以极大地激发大学生对创新创业的兴趣,提高他们的"互联网+"创新创业能力。在高校社团管理方面,要引导他们利用好平台,结合"互联网+"时代背景,有意识地培养他们的创新创业意识、创新能力和综合素质。社团活动包括基于创新创业教育的第二课堂活动。第二课堂可以磨炼大学生的创业品质、培养他们的创新创业意识以及孵化他们的科技成果。可以说第二课堂活动是课内教学活动非常有益的补充,可以较好地激发大学生的创新创业潜能。

3. "互联网+"校企合作

高校的最大优势是其理论上的创新,而公司的最大长处则是其实践上的量化。高校对大学生"互联网+"的创新创业能力的培养,关键是要做到理论和实践相结合,也就是校企合作。通过校企合作,建立大学生创新创业科研基地,形成一支创新创业人才团队。高校可以依托自己的专业技术优势,开展相应的专业技能教育工作。同时要深入了解市场需要,发现并把握创新创业的发展契机。企业可以让大学生以"员工"的身份积极参与到企业的生产、销售或者是管理工作中,不断提高学生的创新能力和经营管理水平,并尽量为他们提供项目的孵化服务平台,实现双赢。

4. "互联网+"模拟创业平台

引进企业研发的集教学实训、仿真模拟于一体的创业实训应用软件,让学生在实训软件的训练中,获得创业项目可行性论证、创业市场实际综合研判、创业投资回报预期分析等创业过程中必备的各项技能。创业模拟实训是推动创业知识在创业实践行动中实际运用的有效方式,是创新创业教育中极其关键的环节。如通过"挑战之星"创业模拟实训软件、大学生创业模拟实训软件等,在互联网上构建企业运营管理的模拟仿真体系,让学生在线进行创业实训。大学生创业模拟平台的建立,能够让学生熟练应用所学的创业理论知识,了解企业创办的基本流程,体验与社会实际较为贴近的创业过程。

5. "互联网+"服务子平台

在当前的"互联网+"时代,高校应利用互联网的信息优势,减少创新创业成本,将创新创业主体、创业机会与各类创业资源整合在"互联网+"平台,提供创业信息资源、投融资对接等服务:创业信息资源服务——通过互联网对学生的创新创业活动提供优质创业信息资源服务,为创新创业主体、高校及企业提供便捷高效的信息获取渠道;投融资对接服务——为创业项目团队提供融资策划与中介服务及寻找对接风险投资机构、天使投资人、项目合作者,解决创业项目的

第四章 "互联网+"视阈下大学生创新创业教育实践教学体系

资金问题,助力优质创业项目落地;成果转化服务——对创新创业团队的原创技术、发明专利等成果进行发布,吸引投资者了解、洽谈合作,推动创新创业成果得以转化落地,实现经济效益;项目评估服务——对创业项目的可行性、投资金额、收益预期、市场竞争力等进行综合评判,对创新创业团队的协作能力、执行力、融资能力等进行系统研判。

(四)建设创新创业实践平台

"互联网+"视阈下的大学生创新创业实践平台是指给大学生提供场地、经费、设备等的保障体系,是创新创业教育的依托平台和硬件支撑。高校大学生创新创业实践平台能够打破不同部门不同院系不同专业的限制,使得校内外创新创业教育资源最大限度集中、最大化地共享利用。

大学生创新创业实践平台指立足高校校情在校内外资源整合的基础上构建的,集"创新创业教育、创业实训模拟、创新创业训练、创业实践锻炼、项目挖掘、过程辅导、引资推动、助力落地"于一身的"一站式"实训、实战平台。可以将大学生创新创业实践平台分为两个平台来统筹建设。第一个平台是硬件平台,包括专门场地、硬件设施、众创空间、创新创业模拟实训室、校外创新创业实践基地等;第二个平台是软件平台,包括管理机构、保障体系、创业项目、创业竞赛、运行机制等。

大学生创新创业实践平台的功能包括如下几个方面。

①培养创新创业意识。充分发挥实践平台的优势,让学生在深度的亲身体验中激发他们的创新创业潜能,使大学生的创意、点子、想法能够得到尝试、试验。

②传授创新创业基础知识。依托实践平台,积极开展有针对性的创新创业培训,构建"课堂学理论—平台练能力—项目促落地"的大学生创新创业能力培养模式。

③提升创新创业能力。大学生可以在实践平台中运用自己所学的创业技能、创新知识等进行企业的创办,从而锻炼学生的逆向思考、团队组建、研判决策、经营管理等综合创业实践能力。

1. 加强创新创业教育实践的"硬"平台建设

国务院在相关文件中明确指出,鼓励各高校充分利用各种资源建设大学生创业园、创业孵化基地。

（1）建设创新实验子平台

依托高校现有的各类实验室硬件设施，结合专业特点，建设面向全体学生的开放性、集成式创新实验平台，从经费、技术、场地、实验室资源等方面支持学生参与创新创意试验，功能定位是大力调动学生参加创新创业实践活动的主动性和积极性，引导学生提前进入创新实验室来进行创新训练，培养学生观察、分析、归纳和解决问题的能力，形成学生的创新思维和创新精神。

（2）建设创业仿真实训子平台

依托学校优势学科、特色专业，结合学校所在地的区域发展实际和产业特点，建设一批功能齐全、与社会的互动性强、与所在区域产业结合紧密的创业综合仿真实训中心，在企业导师、教师的指导下，让学生以小组为单位，从税务办理、财务分析，到产品制造、产品营销全过程模拟创业，以培养学生的创业能力。

（3）建设创新创业项目孵化子平台——众创空间

要充分利用大学生创业孵化基地和高校自身的办学资源，构建一批低成本、便利化、全要素、开放式的众创空间，为广大师生提供较好的创新创业实践场所。

四位一体，构建完整创业链条。高校众创空间要建设成能够提供"创新创业孵化基地建设—创新创业孵化基地运营—创新创业项目培育—创新创业服务"四位一体的"一站式"创新创业实训、实践平台，组建"产生创意想法＋形成创业项目＋项目培育指导＋投融资服务"的创业保障体系，建立高校众创空间入孵标准流程。

五方联动，助推创业项目孵化。高校众创空间要按照"学校、企业、行业协会、政府、投融资机构"五方携手联动的发展理念，提升众创空间对大学生创新创业项目孵化服务的针对性和实效性。在众创空间组建创新创业导师库，为大学生提供更加具有针对性、实效性的创业辅导服务，重视优秀大学生创业团队的选拔、组建、培养，花大量时间、精力打磨优秀的创业项目，实现学生创业项目的帮扶落地，培养更多的社会创业精英，提高大学生创业的成功率。

打造精品，营造良好的创业氛围。要提高大学生的创业热情，让更多自主创业的大学生团队入驻众创空间，首先要精心组织层次化的大学生创新创业实践活动，如创业沙龙、创业经验分享会、创业研讨会、创业成果展等系列活动。其次，学校要积极倡导"敢闯、会创"的浓厚氛围，引导学生形成崇尚"探索创新、

第四章 "互联网+"视阈下大学生创新创业教育实践教学体系

包容失败"的精神,大力弘扬和传播企业家精神,鼓励、支持大学生将自己的创意、想法、点子经过"集思广益、方案完善"后变为一个项目、一个企业。最后,加强对学生创新创业事迹的宣传,可以在校内遴选一批创新创业先进学生,以充分发挥榜样的示范引领作用。

资金推动,设立创业种子基金。学校首先要自身牵头,安排专项经费作为孵化优质项目落地的创业种子基金。同时,联合风险投资者、融资机构及企业家、行业协会设置大学生创新创业种子基金,对有发展潜力可落地的优质项目给予资金上的支持。此外,可寻求与银行的合作,争取银行为众创空间培育的创业项目提供低利息贷款、股权抵押贷款等融资服务。

（4）建设校外创新创业实践子平台

让学生进入企业、融入社会是创新创业实践中的关键环节,在企业中的历练更能让学生提升创新创业能力。故校外创新创业实践基地是实践平台的一个重要组成部分,高校必须建立校外创新创业实践基地,这样才能给学生提供更多的创业实践机会。

高校要善于走出校门,敢于革新合作模式,勇于探索校企联动育人的新模式,给学生搭建了解企业、调研行业、认知创业的通道。一方面,学校应设立校内实验室,建立"专业+能力+素质"的创业教学体系,将企业的真实项目带入学校的课堂教学中,促进复合型创新创业人才的培养。另一方面,要加强高校与企业的合作,主动建立学校领导和企业领导、教师和企业高管、学生和企业导师之间的联系,建立校企协同育人机制。

（5）丰富创新创业教育实践的场所类型

我国高校要进一步提高对创新创业平台场所的重视程度,全力打造全方位、多层次、主题鲜明、集创新创业实践与技能培养为一体的场所集群。在场所类型上,在提供必要的创新创业模拟实训、项目孵化、见习实习活动所需空间场所的前提下根据实践类别细化场所主题,不断探索新的实践基地类型,例如会计电算化实验室、沙盘演练室、企业战略分析研讨室、电子商务虚拟供应链实验室、数字化IT模拟实验室等,建立国家级、省级、地市级、校级、院级等各级各类规模各异的创新创业实践场所。在建设主体上,高校要在充分调动校内资源的基础上主动争取与政府、社会、企业的通力合作,将创新创业平台场所建设放在培养为经济结构改革注入活力的高质量人才的战略高度上。此外仍需加强与兄弟院校之间的交流合作,实现建设资源共享与利益互换,以达到优势互补、强强联合的效果。在建设原则上,为突出创新创业实践场所整合各方资源为学生实践提供软硬件支撑和服务的功能定位，必须坚持"创新性、综合性与实用性"相结合的原则，"以人为本与科研效益"相结合的原则、"教学、实践与生产"相结合的原则。

具体而言，一要建立校际交流实践场所。高校自身要充分发挥其专业优势和学科特色并进行资源整合，在深度融合"互联网+"技术的基础上，积极建立校际交流实践共享的线上线下大平台，将工程训练中心、众创空间、创新实验室以及创客基地等多种创新实践形式统一管理，充分发挥不同高校的人力、资源、技术等方面的优势，鼓励学生开展跨校交流协作，共同参与创新创业比赛或项目研发运营，实现多种资源的有效整合和优化配置。二要建立国际合作实践场所。以具体项目为基础，与世界一流学府建立高层次人才联合培养模式，通过国际化人才培养、前沿科学研究、科技成果转化等培养环节，为国家输送高水平创新型人才、提供高价值创业型项目。在提高学生能力的同时，也为国内高校在人才培养和科研攻关等方面提供参考与借鉴，促进国内创新创业教育事业长足发展。

2. 强化创新创业教育实践的"软"平台建设

（1）强化创新创业实践课程建设

高校须建立创新创业教育课程体系，将创新创业教育在育人的全过程中进行贯穿和落实。高校要将创新创业实践课程纳入人才培养计划。高校应按照相关文件要求，把创新创业能力培养纳入人才培养方案，在课堂教学中加入创新创业的相关内容。同时，高校应全面落实学分制度的建立和实施，在尊重教育教学规律的前提下，实现课堂学习与平台实践、校内学习与校外实践等各种学习模式的学分互认。高校在实施创新创业实践教学过程中，要清醒地认识到创新创业教育的目标是培养学生的创新意识、创业精神和创业能力。

在课程安排方面要突出高校优势专业的特色，建立特色化、实用型、融合式的课程体系。①成立创新创业课程教研室。学校应在紧紧围绕专业教育的基础上，强化课程体系的建立，开设创业通识类课程、创业技能类课程、创业训练类课程等，大力引进在线优质教育资源，形成创新创业课程"超市"，将大学生创新创业课程做到全校学生全覆盖。②建立"线上+线下"相结合的课程体系。线上课程主要包括"互联网+"创新创业思维、移动互联网思维、互联网营销攻略、软文营销、新媒体策划、商业方案编写、新媒体营销等创业理论课程，线下课程主要包括管理科学与领导艺术、企业发展路径、商务谈判艺术、演讲口才、股权分配、企业财务管理等实践实操类课程。通过创新创业理论与实践课程的螺旋式学习，提升学生的创业实践能力。

第四章 "互联网+"视阈下大学生创新创业教育实践教学体系

（2）构建完善的实践教学体系

高校应建立创新创业实践与专业实践、校外实践相互联动、相互融合的实践教学体系，突出实践层次化、实训岗位化、环境真实化、资源共享化、管理信息化的特性。

建设创新创业实践教学体系。创新创业实践教学目标应具体化和特色化，创新创业实践教学在进行目标的设定时应该符合高校自身的发展需求，针对高校学生的学习能力、综合素养、创业意识等特征，及高校自身的办学定位和发展目标，制定分类、分层的创新创业实践教学方案和目标。此外，高校应该出台专门的创新创业人才培养方案，并根据该培养方案，明确教学目标，将目标具体化、特色化，并且结合相应的教学方式开展创新创业实践教学。大学生创新创业教育是一项系统的工程，主要包括两个组成部分，即创新创业实践教学和创新创业理论教学。理论教学让学生掌握创新创业的基础知识，实践活动让学生的创业实务能力增强，只有二者有机结合，才能实现既定的教学目标。创新创业实践教学的教学方式应该是多元化的，高校在创新创业实践教学中，应避免单一的讲授方式，而应该注重学生参与课堂的实践性和体验性，推动实现小班化教学，积极采用项目讨论、案例分享、分组研讨等多样的教学方式。同时，要推动教师把企业经典案例、创业研究成果和成功创业经验融入课堂教学，以此来培养学生的创新意识和创业技能。

构建创新创业实践教学质量评价体系，教学质量评价体系是大学生创新创业教育良好开展的保障，随着高校创新创业实践平台建设的推进，高校创新创业实践教学质量评价体系也应该同步建立和完善，通过体系监督来助推高校创新创业实践教学的持续发展。体系的建设可以保障、监控和考核创新创业实践课程的实施过程和效果。在建立高校创新创业实践教学质量评价体系时，要注意以学生创新创业的特点和需求为主，凸显出创新创业实践教学的应用性。通过完善质量评价体系的建设可以保障创新创业实践平台的有序发展。

（3）提供针对性的创新创业平台服务

针对高校为参加创新创业实践的学生所提供的服务内容不够全面且个性化缺失的现状，必须进一步丰富并细化平台服务内容，为学生和实践项目服务，为企业和社会服务、为教育部制定相关的创新创业决策服务，全面提高全国创新创业教育服务系统的服务质量。首先高校要依托"互联网+"优势，建立信息化的综合服务平台，将创新创业项目、社团活动、竞赛、实习、讲座、报告会等各类创新创业实践信息录入平台方便师生及时获取并关注。此外，开辟专设服务区供高校与各级政府、企业、金融机构等开展电子商务交流合作，促进校内师生创新创业智力成果的落地实施和转化。搭建创新创业跟踪指导站，定期邀请专家集中提供有关创新创业项目的信息咨询、法律援助、培训指导等服务并为每个项目配备"一对一"实践导师，结合参加实践的实际情况提供个性化培养方案，针对项目在不同时期所面临的运营问题进行指导，强化服务的针对性与实效性。

  创新创业教育实践平台的发展越来越专业化、精细化，这对功能体系的建设提出了更高的要求。例如目前大多数大学生创新创业实践科技园已由资源依赖型向创新驱动型转变，向产业集聚的项目需求型升级。建立健全园区的功能平台体系，也即将成为衡量园区核心竞争力、未来发展动力和园区满意度的重要指标。一是构建园区与院校的交互联系平台，优化创业引导培育机制，对于大学生的创业引导不仅需要理论的支撑，还需要实践实操的训练，所以，要构建创业"理论+实践"双引导机制。优秀的创业成功案例以及创业失败的案例都可以作为高校或科技园区创业培训的教学实例素材，以让大学生对创新创业有更深刻的体会。将科技园作为中间黏合剂能推动创业引导和专业授课的深入推进，让高校有更多的灵活性，把专业授课与市场动态联系到一起，设计出"动态"创业课程，与时俱进更新专业授课内容，使专业课程的教学与产业创新之间形成有机的整体。二是要构建地区性的线上线下资源互通共享平台，为大学生创业做好资源保障。同时，促进园区之间的联系交流及深度融合可以最大化地构建出最适合大学生的创服体系，将线上线下资源实现互通共用，为大学生后续的创业提供方便。三是要构建多样化、涵盖面广泛的园区服务平台。例如可以打造"3N"的模式，"3"代表三个功能平台构建主体方向，即政务服务类平台、专业服务类平台、常态服务类平台。"N"则代表的是三大功能平台构建方向下，各分支的具体服务内容。政务服务类平台主要帮助大学生创业者解决"一站式审批""一站式办税""一站式咨询"的问题，提高政府行政服务的效率和便捷性。专业服务类平台主要解决包括知识产权、招商引资、创业指导、法律咨询、政策解读、市场对接等专业类问题，打造一个权威的专业服务平台。常态服务类平台主要负责常态化的日常管理服务工作，涉及基础设施配套的建设、周边良好交通环境的营造、公共物业的管理等方面。

  （4）塑造创新创业教育实践的校园氛围

  良好的创新创业氛围是促进创新创业意识、欲望、潜力、技能转化为创新创业实践的重要推动力，高校要将创新创业文化厚植于校园文化中，在着力营造浓厚的创新创业氛围的基础上全面带动和激发学生在实践平台中锻炼自我的热情。

第四章 "互联网+"视阈下大学生创新创业教育实践教学体系

对于教育资源丰富、办学综合实力较强的重点高校，要充分利用校园宣传栏，如刊登创新创业标语、名言警句、优秀企业家校友寄语等，同时通过网络媒体、校报、宣传册、广播等形式宣传优秀典型的实践经历与有益经验，利用榜样力量吸引学生关注并参与创新创业实践。此外，积极组织创新创业跨国学术交流会、头脑风暴等活动，以掌握国外创新创业动态，吸收国外高校优秀的实践经验，启发学生的思维，推动国内塑造文化创新、科技创新的优良环境。

（五）优化创新创业的良好环境

个人成长是主观能动性和外界因素相互影响相互作用的结果。小到个人大到国家，其成功都需要将丰富的资源和良好的环境作为基础。高校作为我国人才培养的摇篮，其环境建设的好坏直接关系到人才培养质量的高低。具体来说，要着重通过三个方面来优化创新创业的良好环境。

①要加强高校的制度建设，制定创新人才培养长期发展规划和短期实施方案，建立校级、院级、班级创业就业学习指导机构，明确各级组织的职责任务，按照实施方案要求有计划、有目的地指导和帮助学生进行创新创业学习及实践，并对学生在创新创业学习或实践过程中遇到的难点、疑点问题提供及时必要的帮助与解答。此外，学校要加强信息收集和公开工作，指定专人搜集整理与创新创业相关的信息，如最新政策、行业展望分析、就业调查报告等，并及时分享给全体师生，帮助师生及时掌握学科动向，及早调整或完善创业构想。

②加强大学生创新创业文化氛围的营造，构建具有所在地区文化特色的创新创业文化。要积极营造浓郁的创新氛围，充分利用校园展板、教学楼公共区域、校园广播、报刊以及社团组织等进行创新创业理念的渗透，让学生在潜移默化中接受并认同创新创业观念。鼓励引导师生参与国内外创新创业论坛及竞赛，建立校际、校企创新创业常态交流模式，通过举办讲座、辩论赛等形式，激发学生的讨论及参与热情。通过创新创业文化氛围的营造，潜移默化地引导大学生树立创业意识，并将创新创业本领作为自己的基本技能，倡导"勇于创新，敢于实践，容忍失败"的创新创业文化理念。

③政府、企业、学校以及科研机构等相互合作，设计创新创业培训体系，建立网络创新创业交流平台，为大学生提供交流平台，彰显高质量的创新和企业家文化，并为大学生提供创业指导。另外，也可积极邀请创新创业领域的杰出校友或具有影响力的相关企业家到学校与学生面对面交流互动，以榜样力量带动学生创新创业。

三、大学生创新创业支持体系的构建

从教育管理的角度来看,创新创业教育支持体系是学校的一种理性管理行为,是高校通过计划、组织、领导、协调、控制建立和谐有序的教育环境、实现高校内部创新创业教育资源公平有效地开发的一种行为。从教育功能的角度来看,创新创业教育支持体系是指为支持创新创业教育发展,实现创新创业型人才培养及服务地方经济而建立的校内保障体系。从宏观来看,创新创业教育支持体系包括创新创业教育法律法规、创新创业教育计划、创新创业教育督导、创新创业教育课程、创新创业教育效能与改进。从微观来看,创新创业教育支持体系是指包括创新创业课程与师资、创新创业教育组织机构、创新创业教育制度文化在内的人力、物力、财力资源相结合的一个有序支持体系。

创新创业教育支持体系具体包括课程、师资、资金、平台、服务、制度与文化,每个构成要素都是联动而缺一不可的。因此,要用系统观、整体观、平衡观、控制观来指导与规范创新创业教育支持体系。

(一)支持体系基本构建思路与原则

在"互联网+"快速发展的今天,大学生创业遇到了许多困难,有资金方面的、有政策方面的、有技能方面的,还有服务方面的。虽然一些高校开展了大学生创业培训,但是仅靠这些不能很好地为大学生的成功创业服务。在发达国家(尤其是美国),除了有先进的创业教育体系和完善的理论支持外,还有一套系统完善的支持大学生创业的政策,为大学生创业提供了有力的保障。因此,可以借鉴发达国家的经验,并结合我国大学生创业服务体系中存在的不足来完善创业支持体系。完善大学生创业支持体系是一个漫长且艰辛的过程,应该本着实事求是的原则,吸收国外经验,在实践中不断完善大学生创业支持体系,以切实保障和落实大学生创业相关服务工作。

(二)大学生创新创业支持体系的构建策略

1. 建立完善的创新创业政策支持体系

良好的政策支持体系是高校开展创新创业教育工作的根本保障,也是促进大学生通过参与创新创业实践实现自我突破的关键支撑。

一是各级政府要加强责任意识,加强创新创业政策制定的连贯性,在调整和确立新的创新创业扶持政策前充分进行基础调研,把握当前高校学生群体创新

第四章 "互联网+"视阈下大学生创新创业教育实践教学体系

创业的难点、痛点，及时准确把脉问诊，有针对性地提出解决措施，并通过纪录片、新闻发布会、新闻稿等形式向全社会公开公布，让社会各阶层能够更加全面立体地了解学生创新创业政策的"前世今生"，进而提高相关政策的社会认可度和好评度。

二是各类高校要加大管理力度，一方面通过优化创新创业教学课程设置，将创新创业理念渗透到教学各环节当中，从入学新生抓起，建立起逐级深入、层次分明的创新创业认知发展过程。另一方面要求教师在授课过程中将创新创业观点引入课堂、引入作业、引入实践活动。通过潜移默化的"选学动作"和课程研修的"必修动作"共同发力，使学生群体高度接受创新创业理论，并最终转化为自己未来个人发展规划的必然选择。

高校应从学校层面、教师层面、学生层面建立健全大学生创新创业实践平台建设的相关保障制度，做到有规可依，有章可循。

①学校层面。建立大学生创新创业实践相关制度。按照国务院、省政府、省教育厅的相关文件精神，出台《加强创新创业教育的实施方案》《大学生创业项目管理办法》《大学生创新创业项目资金支持办法》等，以提高广大师生参与创新创业的积极性，保障创新创业有序进行。

②教师层面。建立创新创业师资激励机制。首先，高校在专业技术职务评审时向创新创业教师倾斜，完善与教师考核奖励及职称评定挂钩的制度体系，鼓励教师指导学生参与创新创业类活动及竞赛。细化指导评价方式，对教师的专利、创新成果及所指导学生的获奖情况进行量化后纳入绩效考核体系，与教师的职称、待遇等挂钩，从而实现正向激励。其次，可设立创新创业师资队伍专项培养经费，支持教师参加国内外创新创业相关学术研讨会议、培训等，鼓励教师深入企业进行创新创业方面的实践，充分了解各阶段的优惠政策、融资途径、面临的风险等，增加教师创新创业的实践经验，丰富其实践履历。最后，在学校教师薪酬待遇制度及教师教学评价办法中加大对创新创业教学改革的支持，鼓励广大教师将创新创业相关知识融入日常的课堂教学中。

③学生层面。建立学分积累、认定与转换制度及激励政策，依托大学生创新创业实践平台，积极探索将参与项目研究，参加学科竞赛及在线学习、企业实习、职业培训、创新创业实践等活动与课堂学习学分进行互换，认定和转换不同类型的学习成果。尝试建立学生创新创业学分银行，建立个人学习账号，对每个学生在创新创业教育活动中以不同形式获得的学习成果进行学分认定、记录和存储，建立创新创业学分管理体系。此外，高校应出台大学生参加创新创业类实践

活动的激励制度，尤其是对参加国家级、高水平赛事的大学生，要实行较大力度的奖励措施，如获得等级奖项者可评定为"优秀毕业生"。还可通过设立"大学生创新创业奖学金"，每学年评选"大学生创新创业明星"等，鼓励学生参与创新创业，让更多有意愿创新创业的学生在实践中涌现出来，达到示范引领作用。

2. 建立完善的创新创业教育支持体系

高校作为大学生创业前期理论学习的基地，对于培育大学生相关的专业理论知识及艰苦奋斗、持之以恒、敢于创新的企业家冒险精神有着十分重要的作用。创业教育是成功创业的重要因素，有必要大力开展创业教育，为大学生创业奠定理论基础。

3. 建立完善的创新创业经费支持体系

稳定的资金来源是大学生创新创业实践持续运行的重要保障，高校应多渠道筹措经费。高校自身要积极参加各类国家、省市级众创空间级别的认定评审，充分展示自身的成果和发展前景，积极申请政府对于实践平台建设的支持资金。可利用平台自身的能力与优势，向社会提供咨询、代理、策划等有偿服务，从而获取一定的服务费；积极争取、吸引社会力量广泛参与，获得社会和校友的捐资。政府部门单位应进一步加大对在校大学生从事创新创业的扶持力度，多渠道地积极筹措专项资金，广泛地吸引各类专业金融机构、社会公益团体、行业协会及其他相关企事业技术单位向大学生提供资金支持。政府、企业和社会组织的参与和经济上的资助，可以为高校提供师资、场地、资金流等方面的支持，使得高校的创新创业实践活动没有后顾之忧，实现可持续发展。

在有效拓宽筹资渠道并拥有一定筹资规模的同时高校还需进一步扩大资助对象的范围，建立起"面向全体"的资金保障计划，为每一位参加创新创业实践的学生提供良好的物质保障。在创新创业项目、竞赛等实践活动资助对象的选拔中应适当放宽对参选同学的年级、专业、团队组成人员数量的限制，扩大资助名额的比例，防止部分学生因资助门槛过高得不到足够的经费支持而选择放弃实践情况的发生，适当缩小创新创业项目等级支持额度差距并扩大项目经费校级资助比例以保证资助的公平性与全面性。通过设置校级和院级项目资助计划对在竞选国家、省级立项实践中落选的创新成果开展后续支持，保护每位参加实践的学生的创意构想。此外，高校要重视发挥学生创新创业社团组织的教育传播与实践锻炼功能，鼓励学生成立创新创业协会、研究会、合作小组等组织并从创新创业教育经费中单独划拨一部分资金作为学生开展社团活动的资金资源。

还要提高创新创业资金使用效率。首先，应进一步降低创新创业资金申请

第四章 "互联网+"视阈下大学生创新创业教育实践教学体系

门槛、简化资金申请审批程序。目前进行创新创业贷款的大学生需要提供家庭收入、婚姻情况证明、贷款协议等书面材料并出具抵押物，还需要有在职工作的担保人辅助担保，然而在校大学生缺少固定收入及资产的现状往往成为阻碍贷款申请的壁垒。高校可以尝试将学生的考试成绩、日常表现、人格素质以及师生评价等个人情况记录在学生档案中，并以此为评价维度建立学生的综合信用考核体系，以此为大学生向银行提供贷款信用担保，必要时还可将学生的毕业证、学位证、学生证等"软资产"作为辅助抵押物品进行抵押贷款。对于找不到合适担保人的学生帮助其与创新创业商业贷款担保机构建立联系，以学校名义出具学生的信用报告并为其提供担保文件，通过联合担保的方式向银行申请贷款。高校以及银行应为创新创业资金申请开辟"绿色通道"以提高资金审批效率，争取在学生的申请材料通过审核后在最短的时间内进行资金发放。

其次，灵活设立资金的注入与退出方式以加强对处于种子期的项目的培育。在资金的注入方式上，涵盖数目金额通常为一千至几千元的无偿资助、短期内（通常为2～3年）免息且金额为一万至几万元的免息资助；高校以资金入股，学生创新创业项目按照比例承担收益或损失且金额不超过项目总数50%的股权投资方式，委托银行向学生实践团队发放小额贷款的债券资助等。根据注入方式的不同，资金在退出时相应选择以注资时间为起点且项目进入成长期后进行资金归还的无息借款退出方式、在贷款协议到期后停止贴息但可根据实际情况适当延长期限的银行贷款贴息退出方式以及由学生项目回购高校认缴的股份或双方达成协议将高校股份出售给第三方机构的股份制退出方式。邀请社会上具有行业背景知识和实践经历的人员与校内专业教师组成综合评审队伍在资金注入和退出的过程中进行项目可行性分析、市场行情预判，并根据项目绩效以及投资报酬率等其他指标判断项目是否进入成长成熟期以便于调整资金的退出时间。

4.建立完善的创新创业服务支持体系

大学生创新创业高校服务体系是指高校充分整合校内和校外的各类资源，以培养大学生的创新创业精神、创新创业素质和创新创业能力为目标，为大学生开展创新创业实践活动提供各项支持和服务的开放性系统工程。

大力宣传创新创业实践重点项目新进展、招商引资新成果等重点工作典型案例，在大学生群体中营造集中力量、集聚发展的浓厚创业氛围。加强文化品牌研究和宣传推广，挖掘整合各类文化资源，打造文化品牌，扩大文化品牌影响力。文化设施也是文化宣传的力量源泉。积极推动周边的文化场所、宣传阵地、公共空间进行文化"提档升级"，让其成为文化品牌宣传的有力助手，吸引一批有想

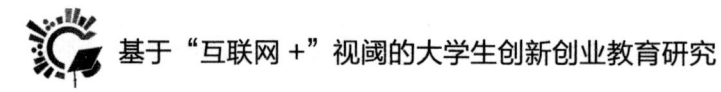

法、有行动的大学生进入创业服务体系中。新闻媒体要增强思想意识，明确自身弘扬社会主义核心价值观的使命任务，下大力气做好创新创业舆论传播工作，以更加深入、更加持久的态度宣扬和阐释创新创业典型案例和创新创业政策的丰富内涵、发展历史和社会贡献，讲述创新创业活动与强国富国的深层联系，持续增强全社会对创新创业价值观的认同，将创新创业理念融入各领域宣传报道之中，积极做到思想引领于细微之处、于无形当中。通过构建创业服务管理宣传体系，进一步放大实践基地的集聚效应，助力招才引智和招商引资工作，扩充产业链条，达到产业集群、人才集聚的目的，为大学生创业人员提供更为浓郁的创业氛围、更为丰富的市场机会、更为明确的创业导向、更为充实的创业路径。

构建院校互联的创业体系，需要转变创业观念。在大学生创业教育中，理念非常重要，必须与时俱进。高校需要抛弃那些传统的教学方法、教学理念，顺应市场和时代潮流积极推进创业教育体系的构建，让大学生创业者学习最新创业教育理论成果和实践技能。在创新创业实践体系建设和管理过程中，高校需要提供必要的理论支持，让学生按照创业教育体系自主创业。应加强创业者尤其是大学生创业人员的职业教育与学历教育的融合，开展多样的创业活动和创业培训。大学生作为创业活动和创业培训的主体，高校首先要做好引导工作，大力支持大学生参加各类创业活动和创业培训。其次，大学自身应结合本学校专业特点，利用优势资源创设创业情境，主动邀请学生参加相关创业活动。最后，多样的创业活动只能激发大学生的创业兴趣，真实的创业还需要大学生掌握一定的创业理论基础，那么需要联合高校共同设计创业培训课程体系，强调创业实践内容的设计。只有将活动和培训有机结合，才能培养出爱创业且能创业的优秀人才。

（三）大学生创新创业支持体系的评价

评价主要是指评价主体针对评价客体进行资料搜集，然后依据评价标准对评价客体进行价值判断；指标体系是多个子系统所构成的有机整体，彼此之间独立而相互联系，通过多项相关指标之间的相互作用来反映整体概况。高等院校大学生创新创业支持系统的评价指标体系是由多个相互联系又彼此独立的指标来反映高等院校大学生创新创业支持工作的开展情况的。同时，这也是对高等院校的创新创业教育效果的一次检验。通过检验评价，能够积极地反映出高等院校在开展大学生创新创业实际工作中还有哪些不足和需要改善的地方，从而对完善高等院校大学生创新创业支持系统具有重要的意义。

第四章　"互联网+"视阈下大学生创新创业教育实践教学体系

评价指标体系的构建原则，主要包括如下几个方面。

①科学性原则。科学性原则是指在建立评价指标时，要结合实际情况，运用适当的方法对指标进行筛选，从而制定出科学的指标。在创新创业实践的基础上，通过分析大量相关文献以及对高等院校大学生创业者、指导教师和创新创业管理者的访谈来构建评价指标，并运用德尔菲法对指标进行完善，进而做到评价指标的构建具有科学性。

②代表性原则。在评价指标筛选的过程中，既要全面、准确、简明，又要防止指标过多、过繁，保证指标少而精，因此应尽量选择代表性的指标，力求指标能够反映出高等院校对大学生创新创业的支持状况。

③可操作性原则。可操作性原则是指指标体系的确定要考虑指标是否可量化或便于收集资料数据，当指标的可操作性较高时，可提高评价的工作效率，真正实现评价是为了更好地服务于高等院校大学生开展创新创业活动。

④全面性原则。对指标体系的设置，应尽可能从不同层次、不同层面来反映高等院校对大学生创新创业的支持状况，并且要注意客观指标与主观指标相结合。

（四）大学生创新创业支持体系构建的建议

大学生创新创业的引导，是一个长期的过程，除需要政府、社会等各个方面共同努力外，更需要充分利用当下互联网经济的发展势头，以"互联网+"思维促进大学生成功创业。

①强化创新创业教育与指导，培养大学生的创新创业理念和创新创业能力。传授专业知识的同时，应当将创新创业教育纳入高等教育的课程体系，改革人才培养方案，使创业教育成为大学生的必修课程。在大学生实习阶段，对有创业意愿和创业能力的大学生，高校就业指导部门应及时将其推荐到创业型企业中进行学习交流和实习实践，增加大学生对创业的感性认识，使其积累创业经验。

②为大学生创业提供针对性扶持，提高首次创业成功率。政府部门在简化大学生创业审批程序、放宽对创业的注册资金和场所的限制、减免创业行政收费、落实税收优惠政策等基础上，还要结合大学生文化水平高、综合素质高、社会经验少的特点，引导其从事与所学专业或兴趣对口的创业项目，将专业、个人兴趣与创业方向结合起来，并成立由高校专业教师和创业企业家组成的"创业导师团队"，对刚起步的大学生创业企业进行一对一帮扶。

③运用"互联网+"新理念，打造大学生创新创业新模式。大学生创业企业（尤其是传统产业的企业）应充分运用"互联网+"新理念，将传统企业与互联网完美融合，走信息化与工业化相融合的路子。大学生创立的小微科技企业，应充分利用互联网优势，为企业打造一个开放式的创新平台，汇聚全社会的创新力量，并以此为载体，为客户提供各类个性化的服务和体验，加快企业创新和个性化发展步伐。

④实施大学生创新创业训练计划项目。一方面，高校要进行创新创业实践平台建设，应按照上级教育主管部门的要求，全面实施该项目计划，并给予专项经费、专门场地、指导教师等方面的支持。另一方面，以学生工作室等形式扶持成熟的创新创业小组和项目，搭建以就业为导向的学生自主创业平台。充分调动学生进行创业实践的积极性，培养学生综合分析和解决问题的能力。还要探索实施大学生创业实验班计划。

第五章 "互联网+"视阈下大学生创新创业教育师资队伍建设

创新创业教育的目的是让学生能够更好地为步入社会做好准备，其中教师在创新创业教育中发挥着重要作用，因此应该加强创新创业教育师资队伍的建设。本章分为大学生创新创业教育师资队伍建设的现状、国内外大学生创新创业教育师资队伍建设经验启示、"互联网+"视阈下大学生创新创业教育师资队伍建设策略三个部分。

第一节 大学生创新创业教育师资队伍建设的现状

一、创新创业教育师资队伍建设的内涵及理论依据

（一）创新创业教育师资队伍建设的内涵

1. 创新创业教育教师的定义

师资队伍的建设是教育改革永恒的主题之一，创新创业教育也是如此。任何时候，师资队伍的建设都是各个院校最重要的建设环节。高质量的创新创业师资队伍直接关系到创新创业人才培养的质量，更重要的是保障毕业生能够在未来白热化的行业竞争中存活。

现阶段，我国对创新创业教育的师资队伍还没有一个确切的定义。不过为了方便研究，而且由于创新创业教育教师自身的独特性，我们需要进行相应的解释。顾名思义，创新创业教育教师就是从事创新创业教育教学和研究的教师。就

其必要性来讲，作为创新创业教育的直接参与者，他们是课程实施的关键人物，是创新创业教育研发过程中的中坚力量，是实践活动的引导者。在素质要求上，根据创新创业教育的多元性，对教师的素养提出了更高的要求，不但要有一般老师的身份，更重要的是要饰演"创业人"的人物角色，具备一定的创新创业工作经验和专业技能，与社会和市场有着密切的联系。总体来说，创新创业教育要求教师拥有更全面的知识底蕴，拥有更广泛的能力。

2. 创新创业教育教师的分类

在我国高等院校创新创业教育教师基本上有三种。

第一种是承担学生日常工作的辅导员和团委教师。其优点是与同学接触的时间多、接触次数比较频繁，能够与同学保持良好的沟通与交流，一定程度上能够很好地掌握学生的心理动态，有益于组织学生参与各种各样的创新创业活动。但相对而言，他们拥有的与创新创业教育相关的专业知识不够，使指导过程停留在比较浅显的层面上，大多数情况仅仅指导学生在程序流程上下功夫，依照流程写一份商业计划书，因此当项目真正投入运作时，特别是在项目的开发设计上，没有办法提供给学生所需要的更深层次的帮助。

第二种是给学生上课的专业教师。这种教师专业知识强，在技术上能够极大地给予学生具体指导和有关帮助，但是他们比较缺乏市场意识、机会识别、创业融资、财务分析等经管类知识，面对市场性问题基本无能为力，甚至连自己的专利都难以向市场推广。

第三种是院校内其他行政部门的教师，他们有很强的意愿转型到创新创业教学岗位，但是由于这种教师没有教学上的经验和经历，其在教学设计、教学内容的安排和组织上较为生涩。

总体来说，这些团委教师、专业教师以及其他行政部门的教师，共同组成一批极具地方本科院校特色的创新创业教育师资队伍。

当然，创新创业教育教师队伍还有一个更加重要的构成部分，便是校外的创新创业教育教师。他们通常是在与课程内容相关的有关行业中获得突出成就的知名校友，或是有创业经验的校友、本地创业者、社会精英等创业先锋。学校邀约其回校与学生共享自己自主创业过程中总结的失败的教训和成功的经验，这种形式能够极大地激发学生的创新创业意识和创新创业的积极性。但是由于考虑到客观因素的局限性，这种校外老师的教学目前主要是通过开设培训讲座、公开课等教育方式，领着学生进行创新创业。

第五章 "互联网+"视阈下大学生创新创业教育师资队伍建设

（二）创新创业教育师资队伍建设的相关理论

1. 双因素理论

双因素理论也可以称为"激励—保健"理论，是美国心理学家赫茨伯格提出的一种激励理论，研究满足人们需求的目标或诱因对人们动机产生的影响。通过大量研究，赫茨伯格对员工的工作满意度进行了相关调查，并在此基础上进行汇总，总结出员工激励的一般规律：员工激励有直接因素和非直接因素。因此，赫茨伯格进一步提出了双因素理论。

在双因素理论中，影响员工激励的非直接因素称为保健因素，直接影响员工激励的因素称为激励因素。其中保健因素是指与员工的工作环境和工作条件有关的因素，例如，工作环境和条件、薪酬、单位人际关系、单位制度、个人生活、人身安全、个人地位、监督等，我们可以发现保健因素主要体现在外部因素上，如果这些外部因素缺失或不到位，就会引起员工的不满，甚至诱发懈怠情绪。如果改善保健因素，就能达到消除和防止员工不满的目的。但效果是只能维持现状和保持正常工作，不能进一步提高工作效率。激励因素是指与工作本身和工作内容有关的因素，如工作成绩、对工作本身的兴趣、个人在工作中的成长和进步、工作挑战、责任感等。激励因素主要体现在内部因素上，能够直接调动员工的工作积极性。在双因素理论的指引下，创新创业教师队伍的建设之路应该考虑到影响教师激励的各种因素，进而从本质上解决师资建设遇到的问题。

2. 需求层次理论

1943年，美国人本主义心理学家马斯洛在《人类动机的理论》一书中提出了需求层次理论。需求层次指人类有五类需求，并呈金字塔型，从低到高分别为生存需求、安全需求、归属和爱的需求、尊重需求和自我实现的需求。

生存需求是人最原始、最基本的需求，如食物、衣物、住房等。安全需求是人们在生存需求得到满足后产生的，包括劳动安全、职业安全、环境安全、社会保障安全等。归属和爱的需求是指人们希望和同事、朋友保持友谊，希望得到鼓励和支持，以及信任和关爱，希望成为集体中的一员，让自己有归属感。尊重需求是较高的需求，人们总希望得到别人的重视和赏识，希望别人尊重自己的意见和人格，希望自己的才华和能力得到大众的认可，在集体中确立自己的地位。自我实现的需求是人类最高层次的需求，人们通常渴望充分发挥自身的才能和潜力，或者做一些有价值、有意义的事情，以实现自己远大的理想。

这五种需求形成了一个由低到高的层级管理体系。一般来说，人们在满足了自身的需求以后，才会追求更高端的需求。依据学者们对人需求的剖析，人的需求其实是多种多样的、分层次的、潜在的、多变的。需求的多样性就是指一个人在不同的阶段有很多不同的需求，就算在同一阶段，也可能存在好几种程度不同、作用不同的需求。

根据需求层次理论，院校在制订激励机制时，要结合创新创业教师的不同需求，并随着教师需求的变化不断调整激励措施，进而不断提高教师的积极性、主动性和创造性。

3.终身教育观理论

1965年，当时联合国教科文组织成人教育计划处处长、后任终身教育局局长的法国成人教育专家保罗·郎格朗（Paul Lengrand）向国际成人教育促进委员会提供了一份关于终身教育构想的提案，其中指出，"数百年来，社会把人的一生机械地分为学习期和工作期，前半生的时间用来积累知识，后半生一劳永逸地使用知识，这是毫无科学根据的"。他提出："教育应当贯穿于人的一生，成为一生不可缺少的活动。"社会在不断发展，产业也在不断更新，所以大学的专业和教学手段也要随着社会经济的发展而不断改变，因此，大学的创新创业教育教师必须不断更新自己的知识、技能。创新创业教育教师队伍的建设应基于终身教育观理念。

二、创新创业教育中师资队伍建设的作用

在我国高等院校中，学生要完成以本科人才培养方案为框架的课程学习和考核任务。相对来说学生很少参加老师的科研活动，基本上都是被动学习。尽管学校开设了创新创业教育必修课程，一定程度上也培养了学生的创新创业意识，但要想让学生把创新创业的想法落到实处，离不开专业知识的支持。创新创业教育是一个知识覆盖面广而且非常注重实践的学科，关于怎么让学生在进行专业知识学习的同时开展创新创业活动，专业指导教师起着重要的作用。

（一）创新创业教育活动的启发者

在我国高等院校，学生的课程以必修课为主导，占全部课程的80%以上，绝大多数选修课程一般在大三大四设立，而创新创业教育课程从大一或大二就开始了。这表明了高校对于创新创业教育的重视度，但是大部分高校在教学过程中更加重视创新创业意识的培育，造成学生只是拥有了创新创业的意识，但是并不

第五章 "互联网+"视阈下大学生创新创业教育师资队伍建设

知道怎样把自己的想法落实。为了避免这一问题的出现，后期就需要具有专业技术背景的指导教师进行长期指导，定期为学生进行创新创业的技术宣讲、培训等。

（二）创新创业教育活动的策划者

我国高等院校的创新创业教育具有一定的规则性，学校会根据上级相关文件制定各项政策并提出要求。学生作为社会实践活动的初次参与者，一般都比较欠缺对创新创业教育的正确认识。因而，需要教师依照相关规定组织各种各样的活动，从初期的申报、评审答辩，到中期的开发设计、社会实践，再到后期的验收、申报成果等各个环节，保证学生的创新创业活动在合法、合规、有序的步骤下进行。

（三）创新创业教育过程的监管者

学生的主动性不强和自我约束能力有限是我国高等院校创新创业教育实施过程中遇到的一个重要问题。通常情况下学生在申请办理创新创业项目时一直信心满满，但在项目开发以后，尤其遇到一些难度系数比较大的项目时，学生就会直接放弃或者产生倦怠心理。创新创业教育本身对于学生缺乏相对的管束力，就算没有通过也基本上不会影响学生的毕业。因此在创新创业实践活动中，学生碰到一点问题就不想解决，知难而退，这样在一定程度上影响了创新创业教育的有效实施。因此，创新创业教育教师就承担了监管者的角色，在创新创业教育活动中应不断激励学生，及时与学生沟通交流，及时地为有问题的学生提供帮助。

三、创新创业教育师资队伍建设存在的问题

虽然高等院校创新创业教育的核心人物是学生，但是与学生进行对接的是老师，因此创新创业教育教师队伍的建设也在创新创业活动中发挥着重要作用，完全脱离教师的创新创业活动可以说是很难获得成功的。因而，我们应该大力加强创新创业教育教师队伍的建设。但是，现阶段我国高等院校的创新创业教育教师队伍建设还存在很多问题。

（一）师资力量不足

一方面，我国高校的创新创业教育的师资力量比较薄弱。除了少数几所比较早的试点院校如清华大学，绝大多数高校的教师数量均不能满足创新创业教育教学的需要。随着高校扩招，大学生的人数迅速增加，与此同时创新创业教育教师

严重短缺，教师与学生的比例不平衡。虽然我国大多数高校都已开设了创新创业课程，但仍属于边缘学科，换句话说，创新创业教育在很多高校的教学中都不受重视，只靠选修课、讲座等形式进行开展，随意性较大，相关学术研究进展缓慢。

另一方面，我国高校创新创业教育教师队伍的结构也不合理。主要以校内教师为主，缺少具有一定工作经验的专业骨干。现有的校内教师基本上都是其他学科的老师转化而来的，一是从事经济、行政等专业的理论教育教学的教师，二是从事辅导员、思想政治、就业指导、团委等工作的教师，他们的相关理论基础都比较薄弱，对企业的经营和管理也不了解，缺乏专业性和灵活性。

（二）教师选聘标准不合理，教师素质参差不齐

我国高校对创新创业教育教师的选拔标准存在着一定的模糊性，忽略了其最基本的教学能力和社会实践能力，致使其质量参差不齐，很难保证教学的有效运行，从而阻碍了创业人才的培养。

（三）教师管理机制不健全，评价体系不完善

由于我国大多数高校在创新创业教育方面的定位还不是很明确，专业师资比例偏低，所以许多院校并没有建立与之相适应的创新创业教育教师管理机构，任职教师还属于原专业、招生部门或者学生处部门，即便有相关的教研室，也是如同虚设，并没有什么实际用途。现有部门的管理职责不明确，思想观念陈旧，难以实现系统化、标准化的管理。很多高校所谓的"创新创业学院"就是依靠管理学院或其他相关专业的力量来开展教学的。

此外，科学的评价体系对教师也起到了引导和激励的作用，而很多高校对创新创业教师设立的评价体系与激励机制与其他专业的教师并无明显区别，评价主体单一，指标不明确，定性和定量评价的权重不平衡，具有片面性。由于创新创业教育不与职称晋升、绩效奖金等挂钩，许多创新创业教育教师缺乏动力和积极性，甚至产生了抵触情绪，难以发挥教师开展创新创业教育的主观能动性，不利于教师教学动机的激发和个人技能的持续提升，无法形成良性的竞争体系。

（四）师资培训体系不健全、理论与实践脱节

一方面，我国很多高校没有形成一套完整的创新创业教育教师培养机制，在师资培训经费、师资培训时间、师资培训机构、师资培训内容等方面都缺乏全面的规划。学校的经费很少用于教师培训，再加上培训次数较少，两次培训的间隔

第五章 "互联网+"视阈下大学生创新创业教育师资队伍建设

时间较长，因此，对于创新创业教育教师的培养缺乏长期性和系统性。另一方面，由于高校与企业之间缺乏深入的合作，导致教师缺乏对创新创业的真实体验。有关数据表明，只有少部分创新创业教育教师表示已经开始创业，或者表明自己的事业已经取得了初步的成功，但是大部分教师都没有进行过任何创业活动。由于缺乏对创新创业的实际了解，只是单纯地掌握理论知识，教师不能把理论和实践结合起来，更不能把理论变成现实，发展受到了很大的限制。

第二节 国内外大学生创新创业教育师资队伍建设经验启示

一、国外大学生创新创业教育师资队伍建设

（一）美国创新创业教育师资队伍建设

1. 教师选聘方面

在创新创业教育教师的选拔层面，美国教师专业标准评估委员会（NBPTS）等权威部门为美国高校制定了创新创业教育教师聘用和评估的方法和规范。因而，美国社区学院在选拔和点评创新创业教育教师时会有严格的程序流程和要求，其主要体现在以下两个层面。

一方面，社区学院在选拔创新创业教育教师时门槛比较高。美国社区学院在选拔创新创业教育教师时，不但规定求职者需要具备企业管理学、社会经济学等教育经历，还规定其应具备一定的创业经验或一些创新性的研究成就。

例如，加利福尼亚州的圣巴巴拉城市学院在招聘创新创业教育教师时，明确指出具备管理学或经济学相关的博士学位是创新创业教育教师必需的基本条件，不仅如此，还要拥有与创业教育相关的学术研究成果；再如，北卡罗来纳州的西南社区学院，该学院在招聘、选拔创业教育教师时，不仅要求其拥有创业学博士学位，还要求其参加过与创业相关的研究。

另一方面，社区学院对创新创业教育教师有严格的评估考核制度。一是对创新创业教育教师的教学能力的评定，包含年度授课的门数和种类、学员参与情况和学生的评价等；二是对创新创业教育教师科研能力的评估，包含发布期刊论文的数量和质量、科研经费的使用情况及其在各种国际学术会议上所做的学术报告等；三是对创新创业教育教师服务能力的点评，包含参加各级委员会的情况，参

与社会服务特别是企业服务的情况等。值得一提的是，美国社区学院创新创业教育的教师一般有两类，即短期合同工还有申请终身制，短期合同工实行一年一签合同制。合同快结束时，学校会依据教师本学年的评价结果来决定是否续签合同。申请终身制专属于执教多年以后拥有终生教职资格的教师，他们按照学校的规定，在具有相对应的申请条件和资格后，可以申请终身任职。

2. 教师培养方面

培训不仅仅是推动教师成长的重要途径，也是提升教育教学质量的有效方法。美国社区学院一直高度重视并坚持增强创新创业教育教师的专业能力，主要体现在下面几个层面。

一是授权委托博士、研究生，让其培养创新创业教师。随着创新创业教育的逐步发展，美国高校对创新创业教育教师的数量和质量的需求逐步提升，兼职教师已经无法达到创新创业教育教师的要求。因而，授权委托博士、研究生培养创新创业型教师，既满足了高等院校对高端创新创业教育优秀人才的要求，又弥补了兼职创新创业教育教师理论研究不足的缺陷。

二是注重培训从事创新创业教育的新教师。因为新入职的创新创业教育教师大多是在高等院校从事科研工作，通常欠缺实践教学的经验。因而，一些社区学院为新入职的创新创业教育教师设立了创新创业教育教学技能培训课程，同时为新教师配备了经验丰富的资深教师，为新教师提供专业辅导。

三是为从校外引进的创新创业教育教师提供相关技能培训。例如，哈德逊谷社区学院为了提高校外创新创业教育教师的教学能力，为他们提供相关的培训课程。同时，为了提高教师的教学水平，斯普林菲尔德技术社区学院规定新招聘的教师必须经过至少一年的职前教学技能培训，然后才可以正式上岗。

四是为在职的创新创业教育教师提供各种各样的创业培训项目。一些社区学院与政府有关部门协同举办各种创新创业教育教师培训班，如激励教师积极参与创业主题活动，从中获得创业经验；或是激励教师参与各种各样的学术会议，以进一步提高其专业能力。除此之外，美国考夫曼基金会和科尔曼基金会等非营利性组织每一年都会为美国高校的创新创业教育教师举行各种各样的创新创业主题活动，为教师提供终身学习的机会。

3. 教师激励方面

首先，美国政府和院校会定期开展关于创新创业的主题活动，并且设立奖项。对得奖者给予相对应的奖赏，让他们能够在一定程度上获得业界诸多权威专家的认可。比较知名的奖项包括年度最佳创业者、年度教师企业家奖，以该两类

第五章 "互联网+"视阈下大学生创新创业教育师资队伍建设

奖项来奖励超越传统学科研究,并在创新创业领域取得优异成绩的高校教师。与此同时,在美国高校内也设立了校级奖项,较为知名的如格瑞夫影响研究奖,该奖项主要用以奖励进行创新创业的青年高校教师,并提供一定的资金奖励,对青年创新创业教师予以认可的同时也提供了项目进行的重要资金保障,推动了创新创业项目商业化的进程。

其次,美国的大学与社区学院也通过逐步更新职位评定与休假制度来鼓励在校教师进行创新创业项目开发与建立合作团队。在教师参与创新创业活动期间,允许教师进行一定时间的休假,且该种类的休假并不会对教师的职位晋升产生任何消极影响。美国的大学与社区学院通过为参与创新创业活动的教师提供休假的制度提升了技术开发与商业化进程的转化率。并且,教师通过休假期的实践活动也能够加深对创新创业项目商业转化的理解,从而能更好地对学生的创新创业学习进行指导。美国的大学与社区学院在职位评定与休假制度上采取的灵活措施,不仅巩固了美国高校对创新创业的支持,也进一步引发了全社会范围对创新创业的关注。

(二)英国创新创业教育师资队伍建设

英国为创新创业教育教师提供了健全的支持体系,其资金支持和资源支持最为突出。

1. 教师选聘方面

英国大学通常聘请有经验的企业家担任创新创业教育教师。如英国国家大学生创业理事会的调查报告显示,在英国,尽管有不少创新创业教育课程是由专职教师开设的,但是更多的课程是由负责技术转移和科技成果商业化的非专业教学人员提供的,这些创新创业教育教师绝大多数都是对创业有兴趣或者有自我创业经验的人。英国政府和大学会鼓励创业者或者企业家积极参与创新创业教育教学,比如邀请这些人担当学生导师或者教授,高薪聘请企业家来学校做教师。

2. 教师培养方面

英国政府高度重视高校创新创业教育教师队伍的建设,有多个部门共同制定与创新创业有关的政策,分别是首相办公室、财政部、教育和技能部、贸易和工业部。"其创新创业教育从20世纪80年代以后有了较大的发展,特别是政府高度重视创新创业教育,在政策上给予了巨大的帮助与支持,对高校的创新创业教育专职教师的培养工作进行引导和规范,确保创业教育稳定发展。"同时,英国政府划拨专门款项用于创新创业教育教师队伍的建设,使得英国大学拥有雄厚的

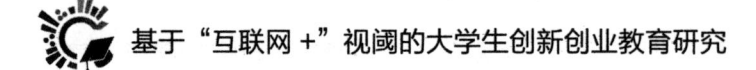

资金支持培养创新创业教育教师,如高等教育创新基金、科学创业挑战基金、国家科学技术捐赠基金等每年都要划拨很多资金,用来支持创新创业教育事业,支持创新创业教育教师队伍的建设和发展。

英国大学还会通过国际合作的形式培养创新创业教育教师,如举办欧洲创业和小企业管理博士项目,其目的是通过国际联合培养的方式对创新创业教育教师提供高学历进修的机会,拓宽创新创业教育教师的视野。

3. 教师激励方面

英国很多机构积极成立相关协会,并设立协会基金,用于支持建设与创新创业教育教师相关的教学设施。如英国高等教育基金委员会启动了教与学优异中心,谢菲尔德大学、约克大学和利兹大学合作成立了白玫瑰创业教与学优异中心,利兹首都大学设立了创业协会,诺丁汉大学成立了综合学习进步中心,这些协会和中心设立基金会,用来鼓励和奖励优秀的创新创业教育教师,并且为大学提供创新创业教育的相关教学材料,投资建设教学设施设备,积极推广优秀的教学案例等,这有助于创新创业教育教师积极开展创新创业教育教学,使得创新创业教育教师能在教学实践中提高创新创业教育教学实践水平和理论水平。

(三)新加坡创新创业教育师资队伍建设

在亚洲,新加坡是较早进行创新创业教育的国家。作为一个人口和其他资源十分紧缺的小国,其主要经济是外向型经济,所以非常重视创新创业教育,在创新创业教育师资队伍建设方面也形成了比较显著的特色。

1. 教师选拔方面

新加坡的重点大学都是在世界范围内花重金聘请高水平创新创业教育教师。新加坡国立大学设有师资招聘办公室,在纽约、伦敦设有师资招聘办事处,还会派专人去欧美名牌大学挖掘优秀人才。

2. 教师培养方面

新加坡很多大学的商学院及管理学院的创新创业教育教师曾经都有过创业的经历,他们大部分都担任过或者正在担任企业的董事,这些人对创业实践有很好的把握力,他们对社会发展的趋势有着敏锐的洞察力。如新加坡理工学院就非常看重创新创业教育教师的企业经验,其中大多数教师都曾是企业的经理或业务骨干。大学生毕业如果没有在企业进行过锻炼,就很难去理工学院担任创新创业教育教师。再比如,新加坡南洋理工大学坚持以创业为核心去培养教师,从政府部门和社会团体、私营部门聘请专家对教师进行培训。学校鼓励教师与产业界合

第五章 "互联网+"视阈下大学生创新创业教育师资队伍建设

作,鼓励教师到公司企业做顾问,鼓励教师个人创办研究中心,也鼓励教师以个人名义参加创业活动,而且收入通过学校审核后将属于教师本人。

(四)国外创新创业教育师资队伍建设经验启示

1. 教师管理方面

(1) 改进创新创业教育师资队伍结构

创新创业教育是一个错综复杂的创新创造的过程和活动,对创新创业教育教师的素养提出了更高的要求。作为全球创新创业教育的领军者,美国在创新创业教育师资结构管理工作中积累了丰富的经验。由于我国创新创业教育的后发性以及创新创业教育师资的薄弱性,非常有必要研究国外创新创业教育师资的结构特点并有选择地借鉴。在借鉴国外创新创业教育师资结构建设工作经验的情况下,制订科学的发展规划,循序渐进、稳打稳扎地改进我国创新创业教育师资结构,创建专业规范的教师团队。

(2) 健全创新创业教育教师的适用体制

创新创业教育并不是独立存在的,是需要系统支撑的。创造优良的创业创新环境,需要政府部门、社会、高校等多元主体的参加,创建完善的创新创业教育师资队伍的支撑体系。

2. 教师培养方面

现如今,知识更新的速度变得越来越快,要想不被时代进步的浪潮吞没,创新创业教育教师就需要不断进步和自我发展,这也是教师成长的必备条件。加强师资队伍的培训是推动创新创业教育教师团队更加深入发展的重要手段。国外在创新创业教育师资培训方面,早已形成了一套成熟的体系,因此我们要积极借鉴,为己所用。

首先,国外高度重视内部的沟通交流和学习培训,通过案例教学、讨论会等方式,让教师互相共享创新创业教育的工作经验,一同处理教学中遇到的问题。我们也能够参考这类做法,在高校内部组织各种形式的经验交流会、讨论会,对于内部存在的问题进行有效的讨论,提升教师间的沟通交流和互动交流,创立内部培训和组织机构进行专门管理。

其次,国外也重视加强外部培训,组织各种师资培训班。例如,美国考夫曼基金会的"创新创业教育者终身学习计划"对创新创业教育教师进行专门的培训。在这一方面,我国已经开始试着尝试,并取得了一定的成就,例如,KAB创新创业教育(中国)项目、由国家人力资源和社会保障部与国家劳动组织实施

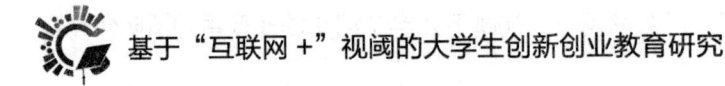

的 SYB 培训项目以及清华大学 DMC 创新创业研修班等，为创新创业教育师资队伍建设提供支持和保障。但是由于培训机构和项目的设置还是比较有限的，其不足以支撑创新创业教育师资队伍建设的需求，因此我们除了要借鉴国外的优秀案例，还要探索更加高效科学的创新创业教育教师培训机制。

在培训项目设置的过程中，可以参照国外经验，注重创新创业教育与专业教育、实践能力培养的融通，以期达到最佳的培训效果。此外，还要注重加强校企合作，为教师提供创业体验的平台，鼓励在校创新创业教育教师走向社会、走向企业，培养实战经验，提高创新创业教育课程设置的针对性和效率。

3. 教师激励方面

（1）完善精神激励机制

高校应灵活利用精神激励措施，充分满足广大教师自我价值实现的内在需求。鼓励教师积极主动争当四有教师，真正成为教书育人的榜样、创新创业的模范，让教师在实际的教学管理过程中获得更多成就感和满足感，在教师自我定位中获取自豪感和幸福感，进而充分激起他们对创新创业教育教学的热情，进一步增强自身的责任感。倡导团队意识，造就更为和睦优良的办公环境。

首先，因为创新创业教育教师属于知识性员工，通过精神激励能够有效满足其自我需求，所以精神激励对于创新创业教育教师来说属于更具有实际效果的激励方式。高校可以定期组织开展优秀教师评选，通过这样的形式来鼓励教师主动学习进步，促进其创新创业教育教学能力不断提升，这样可以让他们获得更强的荣誉感，进而发挥出更好的激励效果。

其次，在高校发展目标和创新创业教育教师个人发展目标相契合的情况下，高校与教师存在共同的利益和追求，从而可以有效提升教师对学校的归属感，让他们能够积极主动投身于教育管理工作中来，从而有效增强目标激励效果。

（2）完善薪酬福利激励机制

薪酬福利属于高校教师正常生活的基本需求，所以高校必须基于市场准则分析研究创新创业教育教师寻求的自身利益，换句话说就是分析调查教师的理想工资及其他的福利待遇，从而构建更加公平公正、规范完善的物质激励机制。例如，在设计教学岗位绩效的情况下，能够有效设定课堂教学业绩考核和奖励业绩考核的具体内容，对教师在创新创业教育管理方面的奉献给予相应的奖励。只有充足达到其物质需求，才可以建设一支更为平稳的创新创业教育教师团队，激起他们参加教学管理的主动性和积极性。

另外，高校还可以建立内部关怀机制，对一部分经济较为困难的教师给予更

第五章 "互联网+"视阈下大学生创新创业教育师资队伍建设

多帮助,同时进行测评活动,对教育绩效好的、为创新创业教育教学提供重大帮助和贡献的教师提供相应的物质奖励,在逐步增加教师薪酬福利的基础上,针对部分发表高质量论文、申请创新创业项目的教师,不单单要对其给予物质层面的奖励,还应提供带薪培训、带薪休假等多元化的激励措施,从而实现待遇留人、环境留人。

最后,必须推进创新创业教育教师薪酬分配与绩效考核机制的改革与完善,形成更加全面、更加系统的考评机制,全方位、全方面助力推进创新创业教育教师的专业化发展。

二、国内大学生创新创业教育师资队伍建设

国内学界普遍认为,在我国,高等院校的创新创业教育模式有三种:第一种是综合性模式,以清华大学和上海交通大学为代表,这类院校多采用科技园区、实践平台、创新创业教育课程等教学方式;第二种是创业实战模式,以北京航空航天大学和浙江大学为代表,这类院校多采用创建实习基地、科研中心等教学方式;第三种是第一课堂与第二课堂相结合的模式,以中国人民大学为代表,这类院校多采用举办创业策划大赛、专题讲座等教学方式。

(一)中国人民大学

中国人民大学官网明确表明,该校学员均可参加创新创业教育。学校设立了"创新思维与商业模式""社会发展与社会创业"等主干课程,举办了社区论坛、专题讲座、比赛等丰富多彩的创新创业教学活动,高度重视与企业的交流合作,营造了深厚的创新创业校园气氛。

1. 教师管理方面

为了能融合各类资源,包括课程内容、教学设备、师资力量等,中国人民大学创立了创业学院。院长由主管校领导兼任,教务部门、学生管理部门、招生就业部门、文化科技园、商学院、劳动人事学院和法学院为主要参与部门。创业学院专注于创新创业教育的统筹规划和推动、教师队伍建设以及创业训练和创业实践的推动等。

2. 教师选聘方面

中国人民大学聘用创业者、经理人、风险投资人等具备丰富经验和行业资源的杰出人才出任创新创业教育教师。

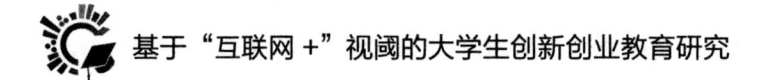

3. 教师激励方面

中国人民大学允许教师以投资、科研成果转化、技术入股等多种方式参与学生创业项目，激励教师指导学生创业。该校还建立了教师定期考核、淘汰制度等。

4. 教师培养方面

一方面，中国人民大学多次组织教师赴美国、加拿大等国考察高校创新创业教育工作开展情况，并就师资交流与多所高校达成合作。另一方面，制定并完善了创新创业教育兼职教师的管理制度，制定了教师定期培训、课程轮训、企业实训、挂职锻炼等多种形式的培训机制和计划。还高度重视创新创业教育教师的岗前培训。综合运用课堂教学、讲座报告、研讨会、沙龙活动等方式，向广大创新创业教育教师介绍职业成长的路径、发展平台、管理的政策，同时也讲授教师素养、教学理念、教学改革等内容。

（二）北京航空航天大学

北京航空航天大学被授予"2017年度全国创新创业典型经验高校"称号。院校官网信息显示，现阶段该校设置的创新创业教育课程共计63门，其中包括"创新创业方法论——基于案例与实践"在内的核心通识课，也包括"发明、创新与创业"在内的一般通识课，还包括"科技实践课"在内的核心专业课等。开课院系涉及电子信息工程学院、计算机学院、经济管理学院、创新创业管理学院等。

1. 教师选聘方面

北京航空航天大学十分重视创新创业教育教师的招聘过程，成立了考察小组和聘任委员会。考察教学和科研等学术方面的进展和作为是考察小组的主要工作，一般由学院学术委员会成员组成，学院责任教授、学术委员会主任或院长任组长。对应聘人员进行政审并对其品行进行考察则是聘任委员会的主要工作，主要由院长（系、所）办公会成员构成。学院考察通过的拟招聘人员还要经历心理测评中心的测评。

2. 教师组建方面

北京航空航天大学十分重视创新创业教育教师队伍的构造。在教师岗位招聘实施意见中，明确指出要进一步提升学历结构、改善年龄结构，防止学术近亲现象，有效搭建学术梯队。正常情况下，针对一年以上海外（包括海外优秀毕业生或参与过科学研究项目的人）背景人员不够教职员工三分之一的学院（系），在提高质量的情况下，每年新进具有海外背景的教师应占新进人数的30%以上。

第五章 "互联网+"视阈下大学生创新创业教育师资队伍建设

3. 教师激励方面

对于通过创业训练营邀请来的教师，北航并不会先发资格证书，一定要先进行试用，达标后才可以被正式聘用。聘用后还要进行考核管理，聘用期为三年，到期可解聘或继续聘任教师，实现了教师的有效流动，充分发挥了教师的指导作用。除此之外，青年教师被认为是极具创新活力的新鲜血液，因而设立了"北航青年教师科技创新奖励基金"及"北航青年教师科技创新配套基金"，用于支持青年教师的教育教学、科学研究以及与此相关的科技活动等，进一步激励青年教师成长。

4. 教师培养方面

北京航空航天大学尤其重视教师创新创业教育能力的塑造和培养。一方面，在其创新创业产业基地数次举行教师创新创业文化教育能力提升专项培训，举办创新创业专题讲座论坛；另一方面，多年来，一直坚持在从事创新创业教育的教师中开展教育培训，如全球职业规划师专项培训。除此之外，这些年，北京航空航天大学组织了全球创新创业大赛在内的多项活动，为教师创造了具备国际性的实践活动和沟通交流的平台，进一步提高了教师的专业水平。

（三）上海交通大学

2010年6月，上海交大成立创业学院。创业学院的设立，既代表着上海交通大学对创业教育的独到理解，也是学校为进一步推进创新创业人才培养主动思考和积极作为的表现。创业学院充分发挥了组织优势和平台作用，实现了校内外资源的高效整合。学院班子配备规格高，从而在全校形成了齐抓共管的有力格局；创业学院下设"教务与实践""科研与财务办""行政与对外交流办"三个实体办公室，共有16位专兼职人员参与相关工作。

1. 教师管理方面

创业学院的院长和副院长是上海交通大学每个系的责任人。各部门的负责人，如院长为分管学工工作的校党委副书记，副院长为教务处、学工、团委、经管学院、研究生院、大学科技园等的负责人。与此同时，创业学院不仅整合了上海交通大学各相关院系的实验教学资源；还积极推动与企业和科研机构的密切合作；形成了由教学指导委员会进行教育规划、实施教学过程监督，以综合性创新创业实践练习为主导、兼具基础实践训练的创新实践教育教学体系，确保创新创业文化教育在学院以更高效率的形式顺利进行。

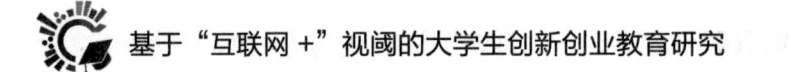

2. 教师组建方面

"四师制"是上海交通大学创业学院制定的、具有独特性的制度，即将教师队伍分为四类，分别是教师、讲师、创新创业教师和创投教师，并进行分类管理。上海交通大学创业学院网站的信息表明，一共有数十位职业投资人担任创新创业教育导师，均为风投公司的老总、合作伙伴、执行董事、创办人、CEO等。他们每个人的创业领域都是不同的，每个人的经历和经验也不同。但是，不论是哪种创新创业教师，都具有强烈的创新创业意识和热情，并且具备非常丰富的创业经验。除此之外，学院还成立了"全球创新创业实验室"，促进上海交通大学在创新创业领域开展前沿理论研究。现阶段，该实验室早已吸引了50多名来自世界各国知名创业领域的研究专家和学者。

3. 教师培养方面

上海交通大学提出了"人才金字塔式"创新人才培养计划，十分重视青年教师的发展。长聘教轨体系的设立促进了该校新引进的青年教师的成长：设定以六年为周期的青年教师的培养计划，并根据国际同行评议结果确定青年教师的晋升方式和考核制度。与此同时开设创新创业教育教师发展基金，鼓励35岁以内的青年教师成长，并鼓励资深教授对青年教师在教学和科研发展方面提供指导和帮助。

（四）国内创新创业教育师资队伍建设经验启示

1. 教师管理方面

（1）健全教师队伍建设的总体规划

创新创业教育是一门综合性的学科，涉及社会学、教育学、心理学等相关专业学科。为此高校应首先立足本校，选拔一批各专业教授及中青年学科技术能手作为核心骨干教师，在薪资待遇等方面予以倾斜以稳定教学师资。与此同时，支持并鼓励优秀中青年教师参加创新创业方面的学习培训和进修，教师深入企业，切身体会企业的管理、营运，参与社会实践活动，提高创业实践能力，丰富实践经验。各高校要制定诸如创新创业教育师资培养计划等，并纳入学校师资队伍建设的总体规划；建立以创新为导向的符合教学科研规律的科学合理的教师评价指标体系，重视绩效考核过程，公正地评价教师创新创业的成果与业绩，提高教师对创新创业教育工作的归属感。建立以创新创业为导向的薪酬方案，与此同时，要考虑到高校教师有着强烈的自我实现的需要，所以应辅以相应的精神激励，充分激发教师的教学潜能，使其自觉开展创新创业活动。

第五章 "互联网+"视阈下大学生创新创业教育师资队伍建设

（2）优化师资结构，加强高校师资队伍建设

各省际高校要打通师资队伍共建渠道，共享优秀资源。高校也要打造专兼结合、多学科结合的师资队伍，加强对教师人才库的利用。

第一，面向社会引进一批优秀的、有经验的创新创业教育教师，如聘用成功的投资者或公司精锐做兼职教师，增加专职教师的数量，建立一支"能讲课、能咨询、能实践"的教师团队。

第二，充分考虑到学生专业和创业方向不尽相同，师资团队建设过程中要囊括各学科领域教师，在平衡学科背景的基础上，适当增加管理学院、法学院、教育学院等与创新创业教育指导关联较大的学院教师数量，实现不同学院师资的良性互动与交流，推动单一学科的深入发展。

第三，充分利用教师人才库，创建创新创业教育管理方法，根据动态管理加强沟通，实现教师跨校的具体指导和在线指导。高校要认识到，创新创业教育并不是校园里某个行政部门就能胜任的，它是一项庞大复杂的工程，需要建立专业的创新创业教育管理方法或者通过实体学院来统筹管理。

2. 教师选聘方面

（1）与企业合作创建专兼职共存的师资团队

要求学校应该与企业紧密联系、深度沟通，建立良好的沟通合作关系。选择在区域内综合实力强且发展较好的行业、企业，聘请其中创新创业能力强的优秀技术人员担任学校创新创业教育的外聘教师，与校内创新创业教育专职教师进行沟通交流与合作，将创新创业教育与专业教育进一步融合，同时对外聘教师进行适当的指导培训，保障其拥有一定的教学能力，保证教学过程能够顺利进行，加快建设专职和兼职混合的"双师型"教师队伍。同时，高校可以邀请社会中的成功创业人士进学校，定期开展有关创新创业的讲座，内容以行业最新动态、真实的创业经验为主，增强校内教学内容的时效性和可行性，开拓学生的思维，丰富校园生活，这也能够提高专职教师的创新创业教育教学能力，促进创新创业教育与专业教育有效融合。

（2）扩大教师招聘范围，细化教师入职准则

教师聘任作为教师队伍建设的基础环节，决定了上层建筑即教师质量的高低。因此，在聘任创新创业教育教师时，高校要扩大教师招聘范围，细化教师入职准则，在履行规章制度的同时，灵活地对教师进行全方位的入职考核。

首先，高校要扩大教师招聘范围。

①高校在进行教师招聘时，可以联合各高校同时发布招聘信息，使省内乃至

国内各高校对此岗位有兴趣的教师都能及时获取招聘信息，改变创新创业教育教师聘任以校内来源为主的现象。一些发达国家的高校，当有教师空缺时，一般都在重要网站、重要期刊等公共媒介上发布招聘信息，甚至向相关高校征询信息，世界范围内的教师只要符合学位、阅历、能力等基本条件，都可以去应聘，人才不问出处。不将教师招聘范围局限于本地区或若干几个地区，而是在全国高校甚至世界高校范围内招揽人才，能帮助高校获得更优质的教师资源。

②高校要将"内部转化"和"开源引流"有效结合，一方面将校内具备创新创业素质且对此领域感兴趣的教师转聘为专职教师，另一方面聘请具备创业实践经验的人员、创业成功的校友、具备国际视野的校外人员成为兼职讲师。例如，上海交通大学鼓励有创业背景或创业经历的校内教师担任专职教师，聘请高水平教授并吸收社会上的创业资深人士兼职教学，这些教师一般具有一定的社会地位，大多有自己的公司，对创新创业问题很有发言权，能够传授学生很多经验之论。

其次，高校要细化教师入职准则。

①高校要根据岗位空缺，制定详细的人才需求计划，摒弃高校对教师招聘笼统化、定位不清的做法。

②高校要在明确创新创业教育教师岗位职责的基础上，制定完善的创新创业教育教师入职标准。

3. 教师培训方面

（1）提升教师的创新创业实践能力

尽管许多高校教师具备坚实的专业知识和良好的教学能力，但创新创业教育离不开教师的创新创业实践能力。教师要积极参与校内外的创新创业教育实践活动，丰富自身的基础知识，累积相关经验，不断提升教学水准。而且要提倡教师间的交流与合作，利用各自的优点和教学经验，扬长补短；改进教学策略和考核机制，帮助提升创新创业教育教师的教学能力。与此同时，在教学之余，鼓励教师积极参加教育部门组织的创新创业教育专题培训，也可组织拥有一定创新创业素养的教师去其他学校进行观摩和学习，与不同学校的教师交流学习心得、分享学习收获，并将学习到的内容带回本校，融入自身日常教学过程中。

（2）搭建教师创新创业教育培训平台

由于国内高校并未设立创新创业教育专业方向，故师资力量只能内部挖潜，借助创新创业教育服务平台的创建，可以帮助现有的专业教师进行转型发展。高校应开设创新创业指导教师培训班，让教师接受岗前综合知识学习，包括公司法、公司财务、天使投资、初创企业管理等经济管理基本知识，让更多具有专业

第五章 "互联网+"视阈下大学生创新创业教育师资队伍建设

技术的工科教师投入创新创业教育。学校也可以邀请成功的企业家与创新创业教师进行互动式交流，甚至让教师赴企业挂职锻炼，直接学习企业的市场运作模式，提高教师的实战能力。学校还需与财政局、科技局、经信局、专利局等政府部门建立合作关系，邀约政府相关人员为教师解读政府部门颁布的创新创业优惠政策，让教师了解创新创业的发展趋势。

（3）丰富教师培训形式

为丰富教师培训形式，提升教师培训效果，高校可以采取校本培训、校企培训和校际培训等，创新创业教育教师根据自己的实际情况灵活选择培训方式。

第一，校本培训。校本培训是一种"为了学校、基于学校和在学校中"的在职教师培训模式，培训活动主要借助小组合作学习、开设专题讲座和案例分析等方式开展，具有便捷高效的特点。各高校可以根据实际情况在一定程度上增加培训活动开展的频率，定期组织形式多样的经验交流会和研讨会，针对创新创业教育领域的前沿发展方向进行交流和互动。在校本培训活动开展过程中，要避免枯燥的知识输出，可以加入头脑风暴、案例分析、角色扮演等授课方式。

第二，校企培训。校企培训是高校、企业、教师的三方媒介，专业课教师、创新创业专职教师等相关工作人员通过高校的组织分批前往企业参观，在企业进行相对应的锻炼，创新创业教育教师要将企业作为可以获取创业经验的实践基地，同时企业工作人员可以将高校作为理论知识高地，进行理论知识补给。高校与企业协同合作开展教师培训，可以充分利用高校与企业的各自环境和资源，实现学校、企业、教师的三方共赢。

第三，校际培训。校际培训是借助省内外各高校的力量，通过开设校际项目活动，为不同高校的教师提供财务和企业管理、销售和组织战略等多方面的系统知识的平台。校际培训活动的开展更是在传统培训职能的基础上为创新创业教育教师带来了更多的创新创业前沿资讯。高校要灵活运用多种培训方式，为教师提供更大的选择空间，提升教师的胜任能力。

4. 教师考核方面

高校教师绩效评估应全方位地体现教师总体的工作表现。除教学研究成果外，还应包含对教师个人行为的点评，使考评过程既可以充分反映教师工作中的实效性，也可以体现高校自身以及战略发展的总体目标。根据创新创业教育教师考核标准的调查结果，对制定的标准进行挑选、再次优化和归类，去除与科学研究关联性较小的指标值，将教学成果与教学管理之间分隔开，把考核体系分为教师素质、教学和成果三大模块。其中，教师素质主要考核教师的道德素养、知识水平，教学上要考核教师的教学态度、能力、方法以及工作量，成果要考核教师的创业课程、学生的实践等，以学生评价、教师自评、专家评审、主管领导评价的方法对教师教学做出评价和反馈。

5. 教师激励保障方面

制定一整套符合本校实际的创新创业教育教师激励制度是最直接、也最根本的保障手段。提高教师在创新创业教育中的参与感，增加教师对创新创业教育的重视程度，第一步是科学精准定位创新创业教育教师的身份地位，以改变我国高校创新创业教育教师境遇相对难堪的局势。确立创新创业教育教师的地位后，要从教师的需求中牢牢把握教师真正追求的总体目标，有针对性地采取有效措施。依据人本管理理论，综合考虑教师的心理状态需求，将教师的进步追求完美分成物质需求、荣誉需求以及职业发展需求三个方面。针对这三个方面就可以给予创新创业教育教师物质奖励、荣誉奖励以及职业发展培训机会等。

6. 教师主体的自我发展

创新创业教育开展效果作为新的高等教育质量关，需要任职教师将"理论"和"实践"有机结合，进行教育教学行为的输出。教师理论知识及实践经验如何积累和结合是贯穿教师成长全过程的学问。作为创新创业教育教师，一定要避免产生"重理论，轻实践"的固化思想。创新创业教育的核心目标是培养学生的创业素养，促进其开创性个性和创业行为的形成，其具有的创新性、实践性、发展性等特征要求创新创业教育教师肩负的使命高度提升、所承担的职能边界不断扩展。在创新创业教师职能演化的过程中，平衡理论知识和实践经验的天平至关重要。在每一阶段对自身对理论知识及实践经验的掌握程度进行科学的审视对于创新创业教育教师来说是非常有必要的，一定要清除创新创业理论知识重于实践经验的固化思想。另外，教师也要根据实际情况和自身发展需求合理选择适合自己的"充电方式"。无论是理论知识的积累还是实践能力的提升都是一个循序渐进的过程，而创新创业教育的发展本身也在跟随时代需求而不断变化。

在创新创业教育教师胜任力提升过程中，持续的知识积累和实践能力的培养必不可少。

第一，创新创业教育教师要充分利用高校提供的发展平台，积极参与校内外组织的各种创新创业教育培训活动，在教师群体互动交流的过程中汲取养分，扩展自己的知识边界。

第二，创新创业教育教师要善于利用校企合作和校际交流项目，在与企业高管和其他高校创新创业专家的交流中捕捉前沿发展信息，弥补小圈子内的思维局

第五章 "互联网+"视阈下大学生创新创业教育师资队伍建设

限性。在条件允许的情况下，教师还可以借助外部条件在企业挂职锻炼，甚至留岗创业，将创新创业理论知识学以致用，把挂职锻炼和留岗创业过程中获取的实践操作经验反哺给高校和学生。

第三，创新创业教育教师应积极主动地参与到高校和学生的实践项目中，不论相关理论知识的积累还是实践能力的提升都离不开实质性操作。目前来说，高校创新创业教育教师缺乏实际创业空间，但是在项目指导的过程中，教师依旧可以提升政策解读、资源获取和成果转化等多方面的能力。

第三节 "互联网+"视阈下大学生创新创业教育师资队伍建设策略

一、"互联网+"时代对创新创业教育师资队伍专业素质的要求

"互联网+"时代的教育、教学都产生了巨大的变化，而教师是教育系统重要的组成部分，是教学活动的组织者和参与者。因此，教育、教学的发展变化必然导致对创新创业教育教师的专业素质产生了一些要求。

（一）对结构的要求

1. 对知识结构的要求

对于教师知识结构有很多的研究，不同的学者表达了各自对教师知识结构的不同见解。有学者认为，具有多层复合的结构是教师知识结构中最独特，也是最重要的地方，有关当代科学和人文两方面的基本知识以及具备工具性学科的扎实基础和熟练运用的技能是基础的层面；具有1到2门学科的专门性知识与技能是第二个层面；教育学科是第三个层面。还有学者认为教师的知识结构包括本体性知识，指教师所具有的特定学科知识；条件性知识，指教师所具有的教育学和心理学知识；实践性知识，教师在实现有目的的教学行为中所具有的课堂情境知识以及与之相关的知识，教师具有的广博的文化基础知识。传统的对教师知识结构的研究集中于教师的科学文化知识、所教学科的专业知识和教育专业知识等方面。但近年来随着信息技术对教育领域的渗透，教师在信息化环境下开展有效教学的能力研究得到重视，教师能力结构的变化必促使教师知识结构的转变。

2. 对能力结构的要求

把教师的课堂教学能力，也就是胜任课堂教学所必需的一般能力视作教师能力结构中的核心能力是传统的教育观念的理解，而信息技术只作为辅助教学的工具和手段。随着"互联网+"时代的到来，大数据、互联网、云端等技术手段对教师的教学能力提出了新的要求，信息技术早已不是简单的教学工具，它已经开始与教学各方面进行有效的整合，包括教学方法、学科内容等。这个时代的教学能力被称为信息化教学能力，信息化教学能力成为创新创业教育教师能力结构中的核心能力。国内的学者对信息化教学能力有不同的阐释，有的从信息技术环境下教师的角色和能力的角度出发，认为教师的能力应该包括系统化教学设计的能力、教学实施的能力、协作教学的能力、促进学习者发展的能力、教学监控能力、信息技术与课程整合的能力、教学研究能力、终生学习能力。还有的认为信息化教学能力包括基本信息能力、信息化教学设计能力、信息化教学实施能力。

（二）对教学技术与方法的要求

"自主、合作、探究"的学习方法一直是改革的重点，但是改革的效果不尽人意。但是借助互联网技术，似乎让这种改革变得容易起来。例如"互联网+"与传统课堂的整合，催生了翻转课堂这种新的课堂模式。创新创业教育教师可以借助互联网将原本要讲的课程拍成视频留给学生在家里进行自学，把传统课堂用来学习的时间进行合作与探究。又如，借助互联网建立网络学习空间，创新创业教育教师可以在线发布各式各样的主题，学生自主选择感兴趣的主题，按照相同的主题自行组成合作小组，通过收集资料、交流、讨论完成任务等。

（三）对师生角色观的要求

传统时代教师的作用就是"传道、授业、解惑也"，教师似乎只有一个作用就是传授知识，同时又因为教师拥有知识量的优势成为课堂的绝对支配者，学生只能单方向地被动接受。"互联网+"时代，教育资源在全球范围内流动，借助各种技术手段学生获得知识的途径和速度甚至超过教师，教师的知识权威地位受到冲击，师生角色观需要重新定义。

"互联网+"时代的创新创业教育教师角色要由单回路教育实施者向双回路教育探索者转变，由注重工具理性的知识、文化传授者向崇尚价值理性的知识、文化结构者转变，由只重视教学工作和任务按时完成的技能熟练者向关注教师学习、教学、研究全面发展的反思实践者转变。

第五章　"互联网+"视阈下大学生创新创业教育师资队伍建设

二、"互联网+"背景下创新创业教师教学存在的问题

（一）受传统教育观念影响，固守传统教学方法

部分创新创业教育教师对在线教学的实际效果持质疑态度，不愿意使用在线教学工具开展教学活动。实际调查表明，许多创新创业教育教师并未充分认识到在线教育的重要作用，并且忽视在教学过程中培养学员的在线学习能力，这导致学员缺乏在线学习思维，难以适应新时代信息化学习、线上学习模式的新要求。而且在一定程度上，教师自身也没有实现从"教"向"学"的过渡，将知识转化为实际教学技能的能力存在缺陷。

而且从高校创新创业教育教师队伍的结构来看，不同高校的教师队伍结构有较大差距，部分高校教师队伍老龄化，大部分教师没有从观念上认识到信息化工具在促进创新创业教育发展方面的作用，且由于自身的信息化素养有限，其使用在线教学工具反而导致教学效率下降。与此同时，部分高校教师队伍则呈现年轻化特征。一般而言，年轻化的教师团队对在线教学模式的接受程度较高，但也存在许多教学问题。如年轻教师过度依赖信息化教学工具，在教学过程中大量使用教学工具，引用网络教育资源，这些资源占据了在线教学课堂的大部分时间，学员与教师沟通、互动的时间被压缩，师生互动匮乏导致在线教学效率不高。同时，青年教师具备的信息化素养并不足以支撑其建设相关课程资源。

许多高校在引进在线教学平台的新形势下，也建立起了校内虚拟学习社区，但这些虚拟社区所拥有的创新创业教育资源并不多，也没有突出以学员为中心的理念。缺乏针对性、质量不高的教育资源无法激发学生的学习主动性。创新创业教育教师在创建在线课程、管理学习平台时遇到了许多难题，已有信息素养无法支撑其解决这些问题，这就导致了创新创业教育在线教学质量不高现象的产生。

（二）与教师在线教学能力发展相关的制度建设不到位

创新创业教育教师在线教学能力的发展缺乏目标导向，参与培训的效率不高。部分创新创业教育教师参与学校组织的专业培训只是为了完成规定的教学任务，而并非真正想发展个人的能力，因此教师在参训过程中表现出懈怠心理，对学校提供的系统化培训课程不够重视。部分教师认为学校设计的系统化培训课程毫无意义，在参训时出现了代学、替签到等问题。教师实际参训率不高，学校组织的培训课程参与度不足，培训效果更是无从谈起。

(三) 高校对教师在线教学能力发展的规律认识不全面

部分高校内部创新创业教育教师分化成不同队伍，各个领域的教师缺乏相互间合作的精神，阻碍了优质教育资源在不同教师间的共享。而且创新创业教育教师队伍内部也会进行恶性竞争，因此教师队伍整体素质的发展便会受到阻碍。与此同时，部分高校对教师间沟通交流的相关工作不够重视，并未主动给创新创业教育教师提供沟通交流的机会，也没有搭建线上沟通平台的意识。

如今，受到疫情的持续影响，教师在线下沟通交流的机会并不多，线上平台逐渐成为创新创业教育教师沟通交流的主要渠道，但是很多高校不重视线上交流平台的搭建与应用，使得创新创业教育教师错失与他人进行有效沟通交流的机会，一定程度上对创新创业教育教师在线教学能力的发展产生了影响。

三、"互联网+"视阈下创新创业教育师资队伍建设的策略

(一) 树立教学能力培养观念

高校创新创业教育教师应树立教学能力培养观念，以"互联网+"时代为契机，不断学习各类前沿知识，提升信息素养，促进自身教学能力的提高，利用互联网强大的数据处理功能，对所产生的数据进行收集、整理、分析，并根据分析结果为学生设计出更具实效性的学习环境，设计能满足学生需求的课程。同时，创新创业教育教师应认识到教学能力的培养是一个漫长的过程，应把教学能力的培养作为整个教师职业生涯的重要追求。

(二) 更新教育教学理念

当前，慕课、翻转课堂、微课等碎片化的学习模式冲击了传统的创新创业教育模式，但是与此同时，也为教学提供了一个创新的机会。因此创新创业教育教师要转变教育教学的传统观念，改变过去只重视知识传授的理念，把现代技术与传统理论、传统方式结合起来，以学生为本，利用互联网的优势，调动学生的学习积极性、主动性和创造力，让他们能够充分利用自己的碎片化时间，为随时随地学习打下坚实的基础。

(三) 打造智慧课堂

教师应该时刻关注创新创业教育的发展趋势及发展方向，积极制定创新创业

第五章 "互联网+"视阈下大学生创新创业教育师资队伍建设

教育教学计划和方案。优化课堂教学设计，采取线上学习加课堂学习相结合的方式，构建"互联网+"智慧课堂教学模式，变革传统创新创业教育教学方式。

（四）坚持终身学习、树立互联网思维

俗话说得好，"活到老，学到老""付出就有回报"。教师作为学生创新创业教育的指导者和引路人，更要牢固树立终身学习的观念。

首先，教师们应树立积极更新专业知识的意识，信息化时代背景下，知识的更新日新月异，稍懈怠，就可能跟不上节奏。

其次，教师要不断扩大知识面，健全本身的知识结构。学习不局限于自身专业领域的学习，当今时代下，优秀的教师绝不仅仅是专业知识扎实的教师，而是知识结构完善的综合型教师。在完善专业化知识的同时，老师们也应学习新的知识，学习新的信息技术，不断充实自身的知识结构体系。

互联网思维是第三次工业革命的先导理念，是当代高科技与文化创意跨界融合实践的新思维方式，是科技革命中范式转换的必然成果。互联网思维区别于传统思维，它的特点是"互动性、开发性、平等性、合作性"，本质上是一种"以人为本"的民主化思维。当前在校学生几乎都成长于信息化时代，是对互联网利用最为活跃的群体，他们易于接受或已经形成互联网思维。作为创新创业教育教师本身也就应当树立互联网思维，一则有助于构建"去中心化"的平等教学关系，促进学生学习自主化、创新化；二则有助于构建良好网络教育生态。共享、开放、包容、多元是互联网的基本特点。教师需要乐于接受学生的新思想、新方法，并与现实教学有机结合，打造无边界的"育人生态"。

（五）完善信息化教学平台，创新教学手段

在"线上教育"的新时代背景下，由于教育现代化的普及，传统式的教学方式再也不是传授知识和获取知识的最好的选择。教育部明确提出，大力推进互联网技术、互联网大数据、人工智能技术、虚拟现实技术等现代技术在教育和管理方法中的运用，探索执行数字化、智能化、系统化、个性化教学，推动形成"互联网+教育"形态，应用现代科技提高高等教育品质。因此创新创业教育教师可以利用蓝墨云班课、云课堂、超星等教学APP、微课、慕课等教学工具，以及大数据、VR、人工智能等技术手段使教学方式多元化发展，提升教学过程中的交互性和趣味性，充分发挥创新创业教育教学的作用。

第六章 "互联网+"视阈下大学生创新创业能力的培养

随着时代的发展,信息交流越发便捷,在"互联网+"概念逐渐普及的背景下,世界已成为一个紧密联系的整体,人们的生活与工作方式发生了重大改变,大学生的创新创业能力也受到了巨大影响。本章分为大学生创新创业能力培养的现状、大学生创新创业的能力素质、"互联网+"视阈下大学生创新创业能力的培养路径三部分。

第一节 大学生创新创业能力培养的现状

一、大学生创新创业能力培养存在的问题

在国家倡导"万众创新、大众创业"的时代机遇下,高校也重点聚焦大学生的创新创业能力,大力实施这方面的教学安排。国家也十分重视大学生的创新创业能力,创新创业是党和政府的一个战略目标,许多高校在这方面做出了相当大的努力,但还是存在着不少问题。

(一)以传统教学方式为主,缺少互动性

我国的教学方式基本是教师在课堂上教授知识,学生坐在底下聆听教诲,这种单向的灌输式教学方式,师生互动性弱,学生被动接受,没有独立观点。但是,大学生创新创业教育课程是一门实践性课程,而这种传统的教学方式比较适合理论知识的传授,所以以这种教学方式教授知识,不仅达不到开设本门课程的目的,还有可能扼杀一些学生的创业兴趣。

第六章 "互联网+"视阈下大学生创新创业能力的培养

(二) 课程设计重理论,轻实践

高校许多课程设计都是以讲授理论知识为主,理论知识本身比较空泛,也会相对深奥,这就导致出现老师在讲台上讲得慷慨激昂,而学生在下面听得抓耳挠腮的情况。学生听不懂老师教授的知识,这样的话,只会达到一种"纸上谈兵"的效果,其无法从中获取有益的信息,也无法提高自己的创新创业能力。

(三) 课程内容没有与时俱进

一本教材的编写、出版往往需要一段很长的时间,导致教材内容更新较慢,教师教授的知识受限于书本,没有跟上时代发展的步伐,学生受制于课堂,也无法学到较为实际的知识,更无法将其学以致用。因此,适时地编制实践类的教材是当务之急。

(四) 创新创业师资配备待优化

创新创业是一项综合素质能力活动,对学生的专业和能力都提出了更高的要求,因此需要优秀的导师进行指引。当前我国很多高校从事创新创业教育的师资配备不足,一般以理论课教师为主,大多数理论课教师的创新创业意识不足,更重视科研能力,在日常授课中更注重理论知识的讲解。由于自身没有创新创业经验,缺乏创新创业能力,在课堂上所讲授的理论知识没有实践经验来支撑,对学生没有吸引力,达不到理想效果,不能从根源上解决大学生创新创业难的根本问题。

(五) 大学生的创新创业意识待提升

1. 从高校教育来看

对大学生创新创业教育还不够重视,大学生对创新创业课程不感兴趣,从而导致对创新创业比较陌生,缺少创业潜能。他们在课堂中学习的书本知识不能满足社会发展的需求,无法运用于实践中,思想还停在空想阶段。

2. 从学生自身来看

多数大学生的创新创业心理素质差,内心不够强大。创新创业不都是一帆风顺的,凭借一身孤勇难以成功,创业失败给大学生带来的往往是重重一击,让他们陷入自我怀疑中甚至崩溃。

3. 从社会观念来看

多数大学生毕业后热衷于考公务员、选调生，考事业编、进国企，不难理解这种现象非常符合我国大部分家庭的思想观念，作为有着传统观念的家庭，更希望孩子有个"铁饭碗"、稳定的未来，认为这种方式才是最佳选择，创新创业积极性也因此被扼杀。

（六）创新创业培养的家庭认识缺陷

儒家思想"学而优则仕"的传统观念的影响使得家长希望孩子具备"铁饭碗"。而对于创业的态度大多数家长是反对的，认为那样风险太大。另外一些家长对于学校开展创新创业能力培养不理解。一来认为和传统教育观念相违背，是冒险之举；二来认为会影响学生正确价值观的形成，因为对于创业，大多数家长认为那是别人家孩子的事情，和我家孩子挨不着边，学校大力宣传这种思想，不但不会提高学生的综合素质，反而会使得学生好高骛远，眼高手低。

（七）企业参与创新创业能力培养的积极性不高

要想切实提高高校学生的创新创业能力，企业的积极参与是至关重要的，毕竟创新创业活动的实践性较强，而企业是实践平台的最好体现。企业的参与应该包括三个层面。第一，可以为高校提供培养导师，既能帮助高校本身的专职教师尽快提高能力，又可以为学生创新创业能力的提高起到至关重要的作用。第二，在相关资金的投入上可以为高校提供必要的资金支持，比如校企合作的科研项目，企业提供相应的资金支持；学生的课外实训成绩优秀，企业提供相应的奖学金和必要的实习奖金等。第三，可以和高校签订协议，企业作为高校长期的能力培养实训基地，为学生创新创业能力的提高提供长期的保障，为学校培养机制的形成起到系统性、长期性的外部环境保障。理论虽好，但现实情况不容乐观。企业普遍存在参与积极性不高的特点。究其原因，有历史原因，比如企业同学校的合作机制不健全，很多企业自己培养的人才最后流走的现象时有发生，导致企业的参与积极性不高。原因之二，企业对高校创新创业能力培养的实施满意度不高，认为高校的主要任务是培养技术人才，创新创业能力培养不是其主业，故而积极性不高。原因之三，政府对企业和学校的深度融合方面的支持力度不强，相应的支持不到位，使得企业和学校的联系形式大于内容，缺乏长期的有效的制度保障和政策支持。

第六章 "互联网+"视阈下大学生创新创业能力的培养

（八）缺乏良好的校园文化氛围

校园文化是一个学校发展的软环境、软平台，这一阵地守不好，其影响是巨大的。创新创业能力培养本身就是一个新鲜事物，对于学生也好，社会也罢，接受起来是需要时间的，我们应该通过思想文化阵地的不断宣传，潜移默化地影响学生，并且通过持续的有计划的渗透，最终将创新创业意识深入持久地渗透到学生价值观中，成为其必备素质之一。但现实的情况是大部分院校文化阵地缺失，包括很多高等院校在这一方面做得也不到位。学生很难从校园中感受到浓浓的创新创业、探索求知的氛围。青年人是需要激情的，习近平总书记说过青年强则国强，青年兴则国兴。我们的青年需要各个方面的不断激励，提高其创新创业的激情，这是创新创业的前提。

二、大学生创新创业能力培养存在问题的原因

（一）创新创业教育体系建构失衡

1. 理论与实践脱节

为落实做好十大育人体系，将高校育人贯穿学生在校生活的方方面面。2017年12月6日，教育部提出要统筹推进课程育人和实践育人体系，切实打通育人最后一公里，我国高校将教学作为学生接受知识最重要和最集中的载体，课堂教学在创新创业教育中发挥着主渠道作用。但从调研情况反馈来看，高校的创新创业课程存在教材老化、课程同质化问题，甚至在有些高校创新创业课程只是一些为了充实课程体系的选修课。同时，在授课中发现大多高校仅仅局限于"创业管理"一门课程，课本上传授的知识和课堂上学习的理论不能够支撑学生开展切实有效的社会实践活动，实践开展受阻将影响高校创新创业教育的进一步发展。因此，创新创业教育课程的内容、方法需要匹配社会实践，只有进一步革新课程授课方式和更新书本理论才能更好地推进创新创业教育。

2. 课程体系设置与现实脱节

高校在建设创新创业教育课程中一直处于独立的状态，没有和政府、企业、社会形成一个完整的体系来支撑高校内部创新创业教育的管理，更无法推动学生开展创新创业实践，形成走进企业、走出课外、走向竞赛的"三螺旋"。数据调查显示，学生参与社会实践的方式主要以讲座及报告会为主，对于走向企业和相关竞赛还存在很大的前进空间。

3. 创新和创业课程设置脱节

部分高校开设创新创业类课程仅限于经管类学生，并未面向全体学生，而在开设的课程中，有些课程虽然以"创业、创新"来命名课程，但是课程名称和课程内容关联性较低，甚至出现了"因课设课"的现象，从大学生创新创业能力发展与创业实务指导到创业管理，课表涉及呈现的课程非常丰富，但是实际上相互之间的逻辑和课程关联性不大，至今没有形成一个完整的创新创业教育课程体系。

（二）创新创业教育组织机制尚不健全

创新创业教育组织机制主要包括校内组织机制和校外组织机制，校内组织机制主要包括创新创业教育管理人员、教师、学生以及相关职能部门，校外组织机制主要包括政府、企业以及教育实践基地的建设等。因此，打破各类机制之间的壁垒，形成一个完善化、系统化的组织机制才能将创新创业发展推上更高的台阶，但目前还存在一些问题影响创新创业教育的开展和实施。

1. 师生评价机制有待完善

目前，高校一直通过竞赛、创业计划书等传统标准来评价校内创新创业教育发展的可行性，一方面，尽管国家提出"破五唯"，但不少高校为获得更多的国家政策支持和满足社会资源的调度要求，在短期内不断把高层次人才引进以及高水平论文发表和重大基金科研项目当作主要任务，由此导致创新创业教育的实践平台、产业孵化基地等项目的开展容易被边缘化，而这类现象极大地影响了从事创新创业教育教师的工作积极性。另一方面，目前课程考核主要依赖于课堂表现或者撰写一份创新创业项目计划书，但大多学生撰写的项目计划书只是为了应付考试作业，往往在网上进行百度和复制粘贴，计划书的可行性和真实性较低。

2. 创新创业教育资源亟待整合

从高校创新创业教育的发展来看，校内资源的有效整合和最大化难以实现，各部门之间存在一定的制度性壁垒。究其根源，主要是受高校行政部门管理，而部分行政人员不了解创新创业发展的进程，不能较好地配合开展创新创业教育工作。创新创业教师工作积极性不高，对于课程的创新和教学方法的变革缺乏动力来源，而创业基地的建设、批复、入驻和实践教学场地的使用存在僵硬的流程化现象，一些高校开展的科技园活动由于缺乏优质的时间资源导致创新创业协同网络难以形成。

第六章 "互联网+"视阈下大学生创新创业能力的培养

3. 创新创业教师的发展受限

培养创新创业人才的意识不深导致教师师资队伍出现了"能力结构性失衡"问题,同时,创新创业教师的引进和发展没有切实可行的文件可依据,这就使得教师发展受限,难以形成真正的高水平创新创业教学科研团队。同时,教师人才的引进方式有待革新,目前创新创业教师的引进方式仍按照学术型标准来设置门槛和条件,没有考虑"双师型"教师的重要性。

(三)创新创业教育培养制度有待更新

根据中国创新创业教育蓝皮书的调查结果,有将近半数高校将创新创业教育理念缺失视作当前高校创新创业教育的头等难题。同时,高校在创新创业管理方面还存在着较大的问题,依旧沿用旧的模式来推进学校发展,教学、组织和师生评价机制与创新体系的匹配度不高,联动机制体系还未形成。

1. 创新创业教育定位不清

管理人员对创新创业教育的发展定位和规划不明确将导致学生对创新创业教育认识的狭隘化、片面化,会使得创新创业管理直接等同于一些创新创业实习、实训,而此类现象将导致高校忽视对创新创业教育的发展,甚至对部分有创新创业想法的学生不够重视,极大打击了此类学生在创新创业方面的积极性。由于师资结构的不平衡部分创新创业管理教师无法将时间精力投入该学科专业知识的教授和传播过程中,而管理人员创新创业定位的模糊影响课程的开发,因此很难花费大量的时间和精力去改善目前创新创业教育所面临的尴尬局面。

2. 创新创业教学模式陈旧

高校扎实推进大学生创新创业教育是为了培养出一大批科技创新人才,为国家、社会的发展注入活力,在大环境的影响和驱动下将学生的自主创新创业意识激发出来。但是,在我国高校创新创业教育师生关系中一直占据主导地位的是授课教师,但受专业性的影响,部分兼职老师和工科老师的教学形式过于模式化和僵硬,缺乏创新,一直沿用传统的授课模式,学生创新创业意识没有得到充分的培养。学生缺乏独立思考的能力,在接受教育的过程中将会逐渐失去对该学科的兴趣。同时,授课老师并没有意识到差异化的学生在创新创业教育中的区别,因此也就导致有创业想法的学生没有进一步对其加强引导,没有创业想法的学生继续缺乏创业意识。

（四）创新创业服务政策实施方面存在问题

1. 大学生创新创业服务组织和内容不健全

大学生创新创业服务政策实施的不完善表现为创新创业服务组织和内容不健全。虽然设置了创新创业公共服务平台，但是该机构的老师都是由各学院的辅导员、教师，以及团委、学生处的行政人员组成的，大部分人基本还有其他工作，对于学生需要的服务，可能无法第一时间回应。我国有些区域开办的创新创业服务组织很少，许多都不是专门的独立部门，而是一些部门兼职做创新创业服务的工作。例如，高校学生在读书的时候，在学校进行了创业实践培训，却不是特定的服务组织培训他们。大学生创新创业政策并没有在国家的服务平台上公开，类似政策解读的文件也很少，致使缺乏宣传，所以对于相关政策知道的人很少，熟悉政策的学生更是寥寥无几，在实际创业的环节中，如果碰到了疑惑也不知该求助哪些部门，这样会让学生更困惑。

2. 支持大学生创新创业政策实施的服务措施缺失

虽然大学生创新创业政策条例许许多多，但和政策配套的服务措施还存在不少的缺陷。政府、学校、金融机构等都与创业政策息息相关。尽管颁布的政策越来越多，但政府、学校、金融机构等的服务措施还不完善，导致政策很难实施，即使执行了相关条例，可还是会有许多问题出现。

另外，许多高校创设了创业实践基地、创新创业孵化园等平台为学生创新创业提供服务，而这些平台往往在发达地区较为集中，小城市根本没有这些创业平台，小城市的大学生通常会选择来大城市创业，但是创业实践基地等平台只允许户口所在地在本市或者在本市读书的高校生进入，外地来的学生没有资格进入基地，因此他们创业时不能享受政府提供的服务。

此外，许多创业实践基地只有华丽的空壳，相应的服务措施跟不上，学生入驻之后发现该平台并不能有效地为自己服务，创业问题没有得到很好的解决。创业实践平台华而不实，起不了很大的作用。所以，由于服务措施缺失，服务政策落实起来困难重重。

眼观如今的创新创业政策发展情况，政策条例变得多而复杂，看似很完整，可是实施起来困难重重，例如，在办理企业登记手续时，每个相关部门都要进行审批，可是这些部门工作效率很差，通常一个申请就要等上好几天甚至几周，而且如果缺少其中一个项目就不能成功办理了，这样的话，银行贷款也下不来，没办法得到相应的政策帮助，之前做的许多努力也就白费了。高校生在创新创业中

第六章 "互联网+"视阈下大学生创新创业能力的培养

遇到这种事情大多会选择投诉，可是向哪个部门投诉，投诉是否受理，都是很大的问题，也反映了政策在执行过程中的不足。

3. 大学生创新创业政策的落地性差

（1）大学生创新创业政策执行能力差

我国大学生创新创业政策落地性差体现在政策实施的效果没达到预期。导致这种效果的原因有：相关政府部门间没有交流和沟通，更别说携手合作了，那么这些政策很难落实。政府为了让大学生积极参加创业活动，陆续制定了一系列的政策条例，到2019年为止，已经有上千条了，这些条例都是为了帮助学生创新创业。从政策本身来看，这些政策有些互相重复或者矛盾，执行起来并没有想象中那么容易，效果也很差。从政策实施的角度来看，不是一个部门就能实施好的，而是要多部门协作才能实现。并不是部门越多越好，执行部门越多，出现的问题也越多，部门之间相互推诿，遇到问题都称："不是自己的业务范畴，找其他部门解决。"

另外，政策颁布的方式种类很多，但是大多数都属于"意见"，不受法律的约束，很难去管理。而且每个区域的优惠政策都不一样，一些门槛高的地区，给予优惠的限制条件多，而大学生远远不符合这些所谓的条条框框，导致他们与这些优惠政策失之交臂。例如，大学生在办理银行贷款时，金融机构要求他们必须提供毕业证书或者报到证等材料，但是报到证和毕业证书只有学生毕业了以后学校才给他们，对于在校大学生是不可能有这些材料的，那么他们就无法办理贷款，政策完全就是纸上谈兵。

（2）大学生创新创业政策执行的保障力不足

目前，国家越来越关注大学生创新创业问题，社会都把焦点集中在完善政策上，政策条例上千条，可是能否有效保障政策的实施力度呢？怎么才能不让许多创业政策被高校和地方政府部门形式化呢？调查可见，创业政策的宣传形式单一，许多大学生对政策不太了解。在大学课堂上，虽然开设了相关创新创业课程，但是这些所谓的专业课程都不是由专职教师指导学习的，而是由许多其他专业的教师或者辅导员代为上课，学校根本没有创新创业的专职教师，所以课程内容不专业，过于形式主义。

除此之外，有些地区的政府对大学生创新创业很不看好，甚至将他们区别对待，这些地区的有关部门认为大学生只有读书的头脑，并没有经商的思路，往往会以破产告终，而且认为有些学生是以玩票的形式创业，并不是真正地想干一番事业，这样会减少这个地方的财政收入，所以在学生办理创新创业事务的时候百般刁难，故意拖延时间，让学生觉得注册公司很难，使他们放弃创业。

另外，每个地区的政策实施都不一样，北上广等一线城市创新创业政策的落实发展较快，而中西部区域发展水平相对落后。因此，政府在关注一线城市创新创业发展的同时，不能忘记中西部区域的建设，要实现全国各地的均衡发展。

4.大学生创新创业政策实施缺少监督机制

政策制定后，它的成效取决于如何执行以及如何落实。为了能够准确把握这个度，就要具备监督的意识。我国建立了相关政策的监督机制，该制度是对创新创业政策的监管与考核，让创新创业政策的作用发挥到最大化，此外监管力度到位还能找到政策中存在的缺陷，并予以改正。

监督机制在政策实施过程中是一个不可或缺的环节，我国政策监督机制不健全直接导致创新创业政策执行力较差，落实不到位。创新创业政策和地方部门的利益相背离，而且监管不到位，创新创业政策实施不了是必然的结果。

中央政府制定了创新创业政策，各个地方政府根据中央颁布的政策，结合各地区的特点也制定了相应的创新创业政策，可是监督机制仍然缺失。各地区政府所谓的监督仅仅表现在检查、评比上，没有明文规定的机制，检查方式也非常随意和敷衍，通常都是同一个检查人员每天检查固定的一些企业，没有轮岗制度，检查人员也没有考核指标，使得他们消极怠工，监管寻租等问题就出现了。由于监管部门不严格，其在检查过程中如果发现企业有问题，不会采取任何的处罚措施，最多就是口头警告，那这样的监管根本没有任何效果，从而影响了地方政府的形象。

5.大学生创新创业后期保障政策缺失

政府为鼓励大学生创新创业在不断地完善政策，它涵盖了方方面面，可是从整体上来看，大部分是创新创业之前的教育政策和创业过程中的注册优惠政策，而针对创业后期的政策很少，几乎没有。我国制定的政策存在缺失，后期保障政策明显不够，致使学生在创业失败后没有保障。大学生虽然有丰富的理论知识，但是他们的创业实践经验还不够，刚毕业或者没毕业就选择创业风险确实不小，创业如果失败将面临人财两空，没有制度保障的局面，这使部分学生想创业却又望而生畏。国家应该制定较为完整的创业后期制度，保障学生的权益，减小创业失败后的风险，让他们抛开压力，勇敢追逐梦想。

第六章 "互联网+"视阈下大学生创新创业能力的培养

第二节 大学生创新创业的能力素质

一、大学生创新能力素质

(一) 自主学习能力

能力是指一个人的才能和办事的本领,学习能力是指在学习活动中所表现出来的才能和本领,如感知才能、记忆才能、思维才能、创新才能等,这种学习能力是一般意义上的学习能力。而自主学习能力则是在自觉主动地学习过程中所展现出来的能力,是以一般学习能力为基础的一种特殊学习能力。

自主学习能力的特殊性主要表现在自主方面,这种自主性贯穿学习活动的整个过程,具体包括学习活动之前的自我定向能力,学习过程中的策略应用能力、自我监控能力,学习活动之后的自我评价能力。所谓自我定向能力是指学习者在明确学习任务之后,自主设置具体的学习目标、制订详细的学习计划,以及选择具体学习内容的能力,该能力具有较强的导向性,有利于避免学习的盲目性和随意性,可增强学习的成效;学习策略应用能力是指学习者在学习情境中选择各种学习方法、运用各种客观资源的能力;自我监控能力是指学习者为了保证学习能够达到预期目标,主动对学习活动和进展情况进行监控、反馈和调节的能力,是自主学习能力中的关键能力,决定着学习计划的落实和学习目标的达成;自我评价能力是指在学习活动结束后,学习者自觉主动对学习过程和效果进行评价、总结和反省的能力。

(二) 逻辑思维能力

1. 思维

《外国哲学大辞典》中将思维定义为心灵的活动过程和活动产物,即思维既是过程,也是结果。

"思维"是具有意识的人脑对客观事物的本质属性和内部规律性的概括的间接反映。

2. 逻辑思维

《现代汉语词典》中对"逻辑思维"一词的解释是"人在认识过程中借助于

概念、判断、推理反映现实的思维方式"。它以抽象性为特征，撇开具体形象，揭示事物的本质属性，也叫抽象思维。从形式上可以将思维分为形象思维和逻辑思维，形象思维更注重于直观的材料的认识和体会，其辨别事物是从直观上展开的，形象思维在文科内、需要大量而丰富的素材的艺术类创造中较常用；逻辑思维即在形象思维的基础上探索事物内在属性和本质，是更高级的思维过程。

逻辑思维以抽象性为主要特征，其基本形式是判断和推理。

3. 思维能力

《心理学大辞典》对"思维能力"的解释是"人脑对输入的信息加工整合，从而制作出思想产品的能力"。

4. 逻辑思维能力

"逻辑思维能力"是指获得能让人接受的、令人相信的合乎逻辑的答案的能力。

（三）自我超越能力

自我超越能力是指突破极限、自我实现的一种能力。自我超越是一个过程、一种终身的修炼，随时随地要求人们提高自己。自我超越的价值在于学习和创造，不断发展、完善自我，向成功的目标迈进。

（四）无限想象能力

无限想象能力是创新必不可少的一种能力，它可以帮助人们超越已有的知识经验，使思维达到新境界。想象不需要逻辑，但它是创新的火种和出发点，是创新思维的核心能力。

（五）换位共情能力

换位共情能力是人们设身处地地认同和理解别人的处境与感情的能力。换位共情能力要求人们站在别人的立场上思考问题，用别人的角度来看待事物，体验他人的感受。

在这里需要注意的是，共情不是同情，而是善解人意。它打破了推己及人、想当然的思维定式，对于创新的意义重大。第一，换位共情是有想象力的表现；第二，可以看到不同观点的另一面；第三，更容易发现问题，真正了解他人的需求；第四，感同身受更容易促进思考、激发创造潜能；第五，为满足他人需求而

第六章 "互联网+"视阈下大学生创新创业能力的培养

激发创意,使创新更具人性化和人情味;第六,树立人们的自我意识,体验他人的喜怒哀乐而不是妄加评论。

二、大学生创业能力素质

(一)机会识别能力

1. 机会识别的内涵

在人类社会进步中,创造力起着不可替代的作用,因为所有事物产生的源泉就是创造力。美国心理学家吉尔福德(Guilford)第一次提出了创造力的概念,同时进行了相应的研究。在机会识别概念方面,学者们持不同观点,总的来讲,机会识别概念可以分成三个视角,即特质论、过程论、结果论。

需要特别注意的是,员工创新和机会识别在内涵上不同。研究结果表明,机会识别是个体在实际工作当中对新思想的提出,而员工创新是将思想转化到实际工作当中。因此,员工具备创造能力是进行创新的前提条件,机会识别是形成员工创新的前提。因此能够得出,员工创新主要有两个阶段,一是机会识别阶段,二是对新思想的应用阶段。员工在进行创新的实践过程当中,机会识别是其中的阶段之一。

2. 机会识别的相关研究

关于在机会识别影响因素的探索方面,伍德曼(Woodman)与阿马比尔(Amabile)的研究是最有代表性的。其中包含自我效能、人格特征、情绪状态等。第一,基于机会识别与人性特征之间存在的关系来分析,一些研究者认为员工的神经质性格、外向型性格、开放型性格与机会识别之间存在一定正相关性。第二,从机会识别跟内部动机间的关系看,机会识别的重要动力因素是内部动机,同时在特殊困难情况下,内部动力也是员工持续工作的主要因素。第三,从机会识别与情绪状态的关系来看,机会识别受到积极情绪状态的影响这点学者们表示赞同,认为在机会识别中,积极情绪状态会起正向作用,但是机会识别受消极状态的影响如何学者们还未达成一致。

3. 创业机会识别能力的内涵

所谓创业机会识别能力,通常包括三个过程,即发现机会、对机会进行评估、完善机会。具体来说,创业机会识别能力主要是指具有创业意愿的个体,在机会窗口期与创业机会互动中所展示出的综合素养与能力。这种能力不仅包含创业人员对市场机会的发现能力与洞悉能力,还包括最初发现创业机会的分析能力、评估能力、加工能力等。尤其创业者信息集成与整合能力、风险感知力、组织能力、创新能力等各方面能力的综合运用与外在体现，都对创业方向、创业手段、创业实施效果等产生了直接的影响。

（二）自我认知能力

1. 自我认知的概念

Self-perception在中国相同的学术界最常见的翻译是"自我认知、自我觉知、自我知觉"等。自我认知的概念早在18世纪就被提出。威廉·詹姆斯（William James）在《心理学原理》中，把自我认知的概念定义为：自我认知是个体对自我的评估与觉察。后来的学者开始沿用他的这一概念。心理学领域对于自我认知的描述方式虽然与威廉·詹姆斯相似，但是其所表达的内容具有一定的差异。这种情况的产生是各种学派关于"自我"的定义具有一定的差异性所导致的。自我认知是围绕着自我理论建构起来的概念，不同理论流派因基于的研究视角不同而对其有不同的诠释：从精神分析的角度来看，自我认知是人格结构中关于"超我"与"本我"间平衡状态调节的一种结构。它能够使个体在符合社会规范要求的前提下，合理地规划自己的行为。人本主义理论认为，自我认知是个体在实现自身价值过程中对于自我的一种评价。

可见，研究人员的角度和思维的不同，致使对自我认知的概念存在不同的解读。部分学者通过对自我的描述来界定自我认知，但是由于研究的角度有所差异，所以对自我认知的定义内容也存在区别。还有部分学者通过结果取向的描述来界定自我认知，因此产生了与自我概念相同的定义方式。

2. 自我认知能力的内涵

随着社会分工的不断细化，各行各业对人的能力的要求差异也越来越大，新的职业层出不穷。因此，创业者必须首先了解自身适合干什么，再决定将来的创业目标，要对自己的兴趣、爱好、特长、潜能有一个准确的定位，以便在未来的创业过程中找到真正适合自己的职业，更好地发挥自己的潜能。

（三）开拓创新能力

开拓创新能力的实质是一种综合能力，它是各种智力因素和能力品质在新的层面上相互作用和有机结合所形成的一种合力。它是以智能为基础的具有一定科学根据的标新立异的能力。拥有开拓创新的能力对于追求事业成功的人非常重

第六章 "互联网+"视阈下大学生创新创业能力的培养

要。竞争者有那么多,凭什么可以制胜?你有什么条件令你出类拔萃?所以大学生一定要有一些特色,有一点创意,令人耳目一新,这样才可以赢得人心。

(四) 社会交往能力

该种能力指的是可以觉察到他人在情绪上的意向,从而对他人进行有效的理解,并擅于和他人进行交际的一种能力。在青少年身上的表现则是擅于体会与觉察到家长的情绪变化,知道察言观色,并可以有效识别他人在情绪上的变化,在与他人进行合作方面极为擅长等。社交能力强的人往往可以成为一名成功的领导者、公关人员、政治家、外交家及行政工作者等。人类当中的婴儿,从其本质而言,刚一出生便是一个生物的人与社会的人,并被包围在各类社会性群体、媒介和关系间,与不同方面的接触者产生必要的联系,在持续的交往活动当中,吸收与形成各类不同的社会文化知识,发展着自己的综合能力、思想情感及社会行为等。青少年所具有的个性与社会性形成于社会性的交往中。在青少年心理不断发展的过程当中,他们所接触到的形形色色的人,对青少年产生着至关重要的影响。

(五) 组织管理能力

创业者是研究、开发、生产、销售等各个环节的协调者、组织者和领导者,因此,创业者应当具有组合生产要素、形成系统合力的组织管理能力。由此,创业者应做到以下两点:一是必须对自己经营的事业了如指掌,有预测生产和消费趋势的能力;二是善于选择合作伙伴,有组织或领导他人、驾驭局势变化的能力。

(六) 市场运作能力

创业者要具备一定的市场运作能力,包括发现和识别市场需求的能力、整合社会资源的能力、迅速决策的能力以及拓展业务的能力。发现和识别市场需求的能力是创业者进行创业的首要条件,市场机会稍纵即逝,只有具有敏锐的嗅觉才能捕捉到、利用好机会;整合社会资源的能力是对创业者利用外在因素能力的一种要求,只有善于将资源为我所用,才能更好地达到创业的目的;迅速决策的能力以及业务拓展的能力对于创业者则更为重要,其往往在创新创业过程中起着"一锤定音"的关键作用。

第三节 "互联网+"视阈下大学生创新创业能力的培养路径

一、学生层面

（一）树立正确的创新创业观

创新创业是把双刃剑，在大学生创业者中不乏创业失败者，一旦创业受挫，影响持久，甚至让其产生恐惧心理，轻易不敢再次创业。在"互联网+"视阈下，想要轻松创业，就要树立正确的创新创业观，不能盲目，更不能眼高手低，最重要的是保持良好的心态。目前，部分学生没有树立正确的就业观，缺乏正确的自我认知，没有树立正确的就业创业理念，盲目创业，眼高手低，从而导致创业失败。

树立正确创新创业观的途径如下。

首先，要做好积极创新创业的思想准备。择业是起点，创业是追求。创业是拓展职业生活的关键环节，在就业压力较大的社会环境中，创业意识强烈并且思想准备充分获得好的发展机会的概率就会大一些，甚至还能帮助别人就业。

其次，要有敢于创新创业的信心和勇气。创业艰苦，磨难多。因此，只有创业的思想准备是不够的，还需要创业的勇气，有勇气者才敢于创业、善于创业进而成功创业。勇于创业已经成为教育培养人才的一个目标。

最后，要提高创新创业素质和能力。创业需要勇气，但需要的是智勇，而不是蛮干。人们在创业的问题上除了要具备勇于创业的思想准备之外，还要努力提高自己的创新创业能力。既要不拘泥于陈式，又要充分考虑自身的条件、创业的环境等各种现实因素。

总之，在创新创业的道路上，大学生只有树立了正确的创新创业观，才能面对失败，鼓起勇气，在创新创业的道路上越走越远。

（二）端正创新创业的态度

态度决定一切，正确的创新创业态度能促进创新创业能力的提升。对于大学生来说，好的团队合作精神和强烈的责任意识就是好的创新创业态度。

首先，要具有团队合作精神，任何项目的完成都需要团队的凝聚力，团队

第六章 "互联网+"视阈下大学生创新创业能力的培养

是一个整体,每个人都必须重视大局,服务大局,都应该将团队的利益放在第一位,因为大家的长远目的就是希望项目取得成功并且发展得越来越好,这是大家的初衷。"互联网+"视阈下,想要培养团队合作精神,需要充分认识到团队的重要性,将团队看成一个整体,一荣俱荣,一损俱损,所有的困难大家一起承担,所有的经营成果大家合理公正地分享,这样才会形成一个凝聚力强大的整体。

其次,要有责任心,责任是一种担当,更是一种付出。责任心越强的人,发展也不会太差,作为一个创业的团队来说,创业的项目需要每一个人都有责任心。责任是另外一种能力,如果在一个团队中出错了,只会推卸责任的话,项目肯定会失败,团队肯定会解散。总之,态度是否端正直接决定了能力的提升,端正创业创新态度,创业基本上就成功一半了。

(三)改善创业心理素质

进入大学阶段以后,学生的学习方法就发生了巨大的变化,不能像以前一样为了高考而死读书,读死书,进入大学之后,学生们首先要做到的就是转变自己的观念培养创新创业的精神,以吃苦耐劳的品质来不断地促进自我认知的提升。"互联网+"视阈下,创新创业不仅对于创业者提出了更高的要求,同样也对社会提出了更高的要求,只有不断地进行持续创新,才能够更好地促进社会主义伟大事业的繁荣。值得注意的是,任何创新创业的活动都会面临着失败的问题,没有任何一个创业项目是能够简单完成的,在创业之前就必须高度认识到任何成功的背后都需要面临风险问题,只有摆平心态,才能够踏踏实实地走自己的创业路。很多学生为了响应社会和学校的号召而投入创业大军当中,但是他们本身并不具备较高的创新意识,自己的心态也不平稳,遇到任何风波就直接打退堂鼓,或者因为一点小成就就开始不思进取。这种容易满足容易放弃的心态,是创业意识不健全的表现,长期以来我国受到封建时期思想的压迫,小农意识较强,墨守成规的思想十分严重,这就是创业过程当中的大忌,要深刻地认识到,任何事物的发展都是伴随着机遇和风险的,只有抓住机遇克服风险,才能够真正地取得成功。例如,改革开放初期,很多人对改革开放并不认同,认为自己只需要做好自己的事情,而有的人却能够开拓进取进而创业,这也决定了两种人在一段时间后会取得截然不同的成果。所以创业与学习一般如逆水行舟,不进则退,只有克服心理上的障碍,才能够真正地投入创业当中。

克服好逸恶劳、不思进取的思想,对于创新创业来说是至关重要的。很多人在工作和生活过程当中往往随波逐流，没有自己的思想，也没有主动性，对于工作和学习并没有表现出任何的爱好和偏向，得过且过，习惯性地躲避困难，做事也不投入。有一部分人在生活和实践当中由于有一些专业特长，过于恃才傲物，反而丧失了社会关系的支撑。大学生在创新创业过程当中，想要培养创业意识，首先就必须学会克服好逸恶劳、不思进取的思想，不断地学习各种理论知识，借鉴前辈所总结的各种创业经验，怀有远大抱负地投入创新创业的活动当中。"志不立，天下无可成之事"，只有学会自强自立，才能够真正地投入生活和实践当中，发挥自己的知识和才智，通往成功的彼岸。人与人之间最大的区别便在于意志，当一个人有了所向披靡的精神，便能够披荆斩棘一路向前，愿意积极主动地去克服困难，否则即使一个人拥有再完美的外在条件，没有志向也会丧失天赐良机。

培养创业意识之前，必须帮助学生明确自身的创业价值观念，以及人生目标。人生的发展必须要有目标，只有想不到的，没有做不到的，所以通过帮助学生明确人生价值和意义，确定清晰的未来追求，才能够最大限度地发挥个体的主观能动性。

创业过程中，大学生还应该保持战胜自我的决心和勇气。时代的发展，物质的进步，让人们的思想观念也发生了很大的变化，即使是在创业过程当中，攀比心理也是非常严重的，这种过度依赖他人的想法极大地限制了自己的想象力和追逐梦想的脚步。所以学生选择创业之后需要保持信心和决心，深刻地认识到创业意识的培养并非一时之功，创业的成功也并非一日就能成就的，只有端正自己的思想，战胜个体思维的不足，才能够真正地立足当下，赢在未来。

（四）培养商业意识

"互联网+"视阈下，商业意识是创业过程当中必须具备的敏感直觉。从概念的角度来看，可以将商业意识分为两个层面进行理解。

第一层，指的是创业者按照商品经济运作规律来办事的思想观念，在商业意识的指导之下，创业者需要结合实践发展情况以及市场运行规律来针对自己的产品和服务进行规划，从而达到获取利润的目的。

第二层，指创业者搜寻创造商业机会的思想活动，创业者在进行创业之前，必须敏感地洞察到市场的发展先机，通过找到商机来更好地进行自己的创业活动。商业意识并非天生就拥有的，而是能够通过多重途径去培养的，日常生活当中要有意识地接触商业知识，通过耳濡目染的方式培养商业意识。当然学习理论知识以及商业理论能够更好地提升个人的商业意识，但是整体来看，任何学习的

第六章 "互联网+"视阈下大学生创新创业能力的培养

途径都远不如实践来得更加直接,想要提高商业意识,必须在实践当中不断地进行锻炼和萃取。只有经过实践锻炼的商业意识才能够经得起市场的考验,才能够在发展的过程当中找寻先机,获得成功。

在商业意识培养的过程当中,可以从以下几个角度进行思考。第一,深刻学习前人的理论知识,避免在创业过程当中走弯路。当人们能够将思想集中在某一件事情上的时候,就能够更加坚定自己的决心;通过对市场运行规律的掌握能够更好地进行商业活动,这也是读懂市场、走进市场的前提。第二,善于观察和善于总结,能够更好地明确市场发展的动向。对于大学生来说必须高度重视信息对于自身发展产生的影响,只有进行商业信息的甄选,才能够积极主动地创造机会取得成功。

大学教育早已经摆脱了高中式的填鸭式教育,而是需要大学生能够主动进入学习者的角色当中,大学生应该充分地利用各种社会条件学习相关的知识,培养自己的创业意识,尽管书本不能告诉我们如何成功,但是能够告诉我们如何避免失败。

(五)培养自主学习创新创业的能力

首先是加强学生的主体意识。现在的社会是信息化社会,如何培养大学生自主学习创新创业的能力,关键是增强大学生的自主学习意识,充分调动其自觉参与学习的积极性。教师应利用网络技术让每个大学生都能对其在自主学习过程中出现的问题进行分析,找到需改进和完善的地方,客观地评价自己的学习效果,从而更好地实现自己的学习目标。让学生在学习过程中充分发挥主观能动性,进而提升大学生自主学习创新创业的能力。

其次是转变教师角色。以前的教学模式大部分是填鸭式的教育,学生被动地接受知识,很多学生没有自主学习的概念,应实现现代教育手段与传统模式的融合,真正发挥互联网技术的信息覆盖、资源共享和互动交流功能,让互联网为教学和自主学习服务,这就需要大学教师在教学过程中转变教师角色。一方面教师需要改变教学模式,将以"课堂教授为主"转变为"课堂教授+网络自学"的新型教学模式。另一方面,教师在教学过程中应注重培养学生的主观能动性,培养大学生主动寻求知识的能力和意识,合理运用"互联网+"这个双刃剑,帮助他们制定学习计划,引领他们在学生过程中正确辨认信息的真伪;在自主学习活动中,及时对学习情况进行监督,客观评价学生的自主学习情况并实时反馈意见,体现协助、引导、监督的作用。

基于"互联网+"视阈的大学生创新创业教育研究

最后是构建多样化的教学资源。"互联网+"时代的到来,为创新创业的教学提供了更为广阔的空间,也将更多的学习资源带进了自主学习创新创业的课堂。丰富的教学资源是进行教学活动的载体,是大学生进行自主学习的媒介,所以说,构建多样化的教学资源不仅有利于更好地开展教学活动,更有利于大学生自主学习创新创业。如何构建丰富的教学资源,一来需要革新资源媒体,及时更新学习平台,完善资源搜索功能,使大学生及时获取最新的最有用的知识,提高自主学习创新创业的效率;二来就是开发更多更优质的创新创业教学资源,在选择教育资源的同时,主动选择一些有个性的资源,结合当前大学生的特点,将更有利于大学生创新创业的优质资源挑选出来,进行分类,以便于更好地为大学生服务。

二、高校层面

(一)营造浓厚的创新创业氛围

"互联网+"视阈下,高校营造创新创业氛围有多种形式,比如鼓励学生多参与创新创业实践。

首先,高校在实施大学生创新创业能力培养的过程中,应跟企业保持密切的联系。根据一些企业的需求,各教学院分管领导要带领团队积极与企业沟通与联系,加强与企业的合作,提供更多的实习单位让本院各专业学生进行实习,并安排老师指导和管理。同时结合一些企业的需要,在学校组成攻关小组,对技术革新、产品研发、产品销售、资金周转和流动、企业的管理等方面进行创业实践,让学生在真实的情境中体会到创业的艰辛。

其次,建立相应的社团,社团的负责人最好挑选一些具有创业实践经历的学生,然后带头人将自己的实际经历跟大家分享,让更多具有创业想法的学生聚集在一起探讨研究创业,同时社团还可以自发聘请学校教师或者已经毕业的创业成功的学长过来指导,通过多种形式来鼓励和指导更多的学生利用业余时间实践创业。还可以在校园内定期开展多种形式的课外创业活动,例如创业计划大赛,邀请感兴趣的学生参加,每学期组织一次,不同专业学生自行组队参加,现场进行实战演练,同时聘请工商界、金融界人士担当评委和指导老师。

最后,重视创新创业精神的宣传,营造浓厚的创新创业氛围,使学生和教师都能意识到创新创业教育的重要性。高校成立专门负责管理创新创业教育的机构辅助创新创业教育的实施,高校开设创新创业实践课程一方面是为了激发学生

第六章 "互联网+"视阈下大学生创新创业能力的培养

的创新创业意识,另一方面是为了培养学生的创新创业实践技能。创新创业实践课程的学习既能帮助学生获得技能,帮助有意愿创业的学生更好地创业,又能帮助学生就业,教会他们灵活地运用所学的知识解决问题,为将来成为企业家奠定良好的基础。创新创业实践课程资源在全校应该是开放的、共享的,所有的创业实践课程应对高校所有师生开放。全校师生可根据自身特点和需要,自行与其他创业对象组成创业团队,鼓励师生跨院系交流合作,从不同视角开展创新创业教育。这既可以加强院系和学科间的交流,又可以发挥不同院系不同学科间优势互补的作用。创新创业教育课程的开放性可以保证创业者自由平等地交流学习,从而营造出浓厚的创新创业氛围,培养出来的人才不仅能高质量就业,还能为社会创造价值。

(二)加强微信公众平台的应用

1. 微信公众平台应用于大学生创新创业能力培养的必要性

(1)顺应社会信息化发展的时代潮流

当前,全球范围内社会信息化进入了全面渗透、跨界融合、引领创新的新阶段,新媒体技术在教育领域的广泛应用,使得创新创业教育方式更加多元化、便捷化,高校教师和大学生也早已具有较高的信息化学习和生活能力。同时,大学生学习意愿强烈、学习兴趣广泛、学习能力较强且对高水平的信息化应用的强烈需求,是高校推动创新创业教育信息化、提供优质教学资源的动力源泉。微信公众平台应用于大学生创新创业能力培养顺应了社会信息化发展这一潮流。

(2)加速推动创新创业教育改革创新

在科学技术飞速发展的时代背景下,新媒体已经渗透到高校创新创业教育的各个方面,大学生通过新媒体获取教育信息已成为十分普遍的现象。高校着眼于微信公众平台的传播优势,寻求加速推动创新创业教育改革的创新路径,为学生提供全面、系统的创新创业教育指导。创新创业教育质量作为评价高校办学水平的重要指标之一,是高等教育改革的重要突破口。

(3)符合当代大学生的学习成长习惯

近年来,互联网由于开放性和便捷性的特点,日益成为大学生获取知识和传播信息的主要渠道,大学生已经培养出了"凡事先上网""上网解疑惑"的学习习惯。高校创新创业教育为增强大学生的学习兴趣,就必须且应当突破传统创新创业教育被动接受模式的桎梏。在这种现实下,高校的创新创业教育须结合当代大学生的学习成长规律进行改革创新。根据当代大学生的学习习惯,积极利用微

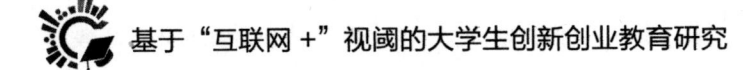

信公众平台传递关于创新创业教育的各类衍生信息，可激发学生对创新创业知识的兴趣。

2. 微信公众平台应用于大学生创新创业能力培养的优势

（1）打破现实壁垒，拓展学习时空

微信公众平台的信息技术日益成熟，管理者和运营者的经验越发丰富，通过微信公众平台学习的一个最大优点是不受时间和空间的限制，大学生可以结合自身情况随时随地开展学习活动，不必局限在固定的时间和空间进行学习。相较于课堂集中授课而言，通过日积月累的碎片化学习活动，也可以完成一个相对完整的知识模块的学习，实现"化零为整"的学习效果。将微信公众平台作为创新创业教育的载体具有一定的发展空间，能够为高校创新创业教育活动的开展提供有效的平台支持。

（2）共享教育资源，丰富学习内容

微信公众平台可以实现移动学习和自主学习。在传统课堂上所学的创新创业教育知识受限于学校学科建设特点、教师教学能力与水平等因素，很难满足大学生种类多样、方向多样的知识需求。微信公众平台可以推送海量的数字教育资源，不断丰富创新创业教育内容。基于此，高校可在微信公众平台开通有关支持政策的专门栏目，为大学生创新创业能力的培育做好服务。

（3）构建教育平台，创新学习形式

微信公众平台作为一种新型的学习载体，为大学生的学习方式提供了一种选择，助力高校构建教育云平台，成为时代发展和创新创业教育之间的新桥梁。调查结果显示，仅依靠学校课程并不能满足学生创新创业的需要，应继续加强高校大学生创新创业信息云平台的建设。高校可借助微信公众平台即时性、便捷性、丰富性、互动性等特点，根据大学生的阅读兴趣与习惯，不局限于文字、图片的简单表达，适当融入长条漫画、小视频、投票等，让推送变得有声有色，为大学生提供一个交流心得、分享资源的专业平台。

（三）基于"互联网＋"大赛培养大学生的创新创业能力

1. 完善创新创业相关课程体系

基于"互联网＋"大赛背景，结合各专业的建设要求，通过在现有课程中植入新思维、新方法，开设紧跟时代动态和科技前沿的实验课程，将最前沿的知识和理念引入教学，做到课程创新、教学模式创新。同时，结合多种创新式的教学方法和育人手段进行学生技能与实践能力的训练，最大化贴近生活和实际应用，

第六章 "互联网+"视阈下大学生创新创业能力的培养

锻炼创新创业技能。各教育机构应该紧紧围绕大赛项目数量这一关键指标,将"互联网+"与大赛规则、日常教育教学内容有机融合在一起,推动创新创业教育体系建设工作有序开展,全方位参与项目培育,促进高校创新创业团队实力的有效提升。另外,高校还应在比赛活动结束后,密切关注获奖项目的实际发展情况,为项目的落地和实施提供资金和技术的支持,调动大学生参与创新创业活动的热情。

2. 成立特色创新创业项目

在学习和生活中要善于思考,在专业课程的学习和科研工作中要善于发现问题,并想着如何能解决好问题。发现项目的过程就是探讨解决什么问题、如何解决问题的过程,因此在项目的设计阶段要明确设计的目的和基本思路。一个好的科技成果转化项目包含几个特点。①创新性:对于创新创业大赛,所选择的项目必须有一定的创新性,在技术上有一定的创新点。②关键技术:项目的关键技术是技术中的核心,也是技术壁垒,代表项目的可行性,所选项目要有关键技术和技术壁垒,这样才能在市场中立足。因此,好的项目不仅要有学术论文做技术支撑,还需做大量的研究和试验,申请专利作为产品支撑。

3. 组建优秀的创新创业学生团队

个人与团体的关系就像鱼与水一样密不可分,要保证团队有强大的凝聚力,必须让每一个团队成员都认同自己是团队的一分子,全身心地投入项目,积极为团队、为比赛贡献力量。在团队成员的选择上,要保证每一个成员都发挥自己的作用,真正地做到各司其职,可以针对比赛所需做任务分工。高校应该通过设置创新创业实验班的方式,要求学生根据自身的实际情况选择并参与创新创业项目,然后紧紧围绕项目与实践活动,学习相关的知识。风险管理策略的实施,主要是针对学生在学习过程中存在的知识盲区,设置特色课程,采取线上线下相结合的教学方式,为学生的学习和发展提供全面的支持,调动学生学习的主观能动性。此外,高校还可以通过邀请知名创业校友、行业领军人物进入校园举办沙龙、报告会、分享会等活动,拓展学生的创新创业事业,为大学生打造全新的创新创业交流生态。

(四)以协同机制牵引,构建创新创业教育环境生态

1. 以部门协同培养师生的创新创业能力

"协同"就是各项政策和各类部门之间要相互助力,强化顶层设计和统筹协调,形成合力。高校在进行创新创业人才培养上,不仅仅要落实学生的课堂教

学，更应当将创新创业理念营造成"人人知、人人懂"的局面，让学校的各个行政部门发力，以此构建系统化的创新创业教育机制，坚持齐抓共建。学校团委、学生社团、班级组织、学生工作部门、招生就业部门以及学校的宣传部门等都要加大对创新创业教育的重视，尤其是要利用好网络新阵地开展创新创业，将创新创业理念渗透在学生学习的方方面面。同时，教务处应当将创新创业学风管理纳入学生学分管理体系，尤其是第二课堂应当提高创新创业板块的比重，让学生从大一就树立起创新创业的意识，将学科竞赛、志愿者服务和社会实践纳入第二课堂考核体系之中，将课内课外相互结合起来，努力打造"三个课堂联动、三个实践递进"的创新创业能力培养体系。

通过各部门之间的协调形成合力，以此来构建知识产权管理，知识产权的保护直接影响大学生创新创业的成功，因此，高校应当搭建一个信息集合、资源集聚、保障完备的知识产权体系，并科学有效地将大学生创新创业科技成果通过正常的技术渠道转移到企业当中去，这有利于提高成果转化率。所以高校应当充分发挥科技园的作用，定期输送学生进入科技园中进行培养，让学生真实地感受到创新创业的魅力，将高新技术产业的社会资源优势和资金支持进行不断的融合，使高校和企业形成一个双赢的局面。同时，互联网+时代下，可以将大学的科技园建设得更加一体化，成为技术成果运营的基地、创新创业教育教学实践的场所、科技体制改革的试验区。

2. 以评价协同激发师生的创新创业活力

互联网+时代，推动创新创业生态健康的深层次发展需要将创新创业教育的战略协同和组织协同建立在科学合理的评价机制上。

首先，把推进教育教学作为方向标，把培养创新创业人才作为目标，把创新创业教育的评价体系和评价机制纳入创新创业教师师资考核的标准中、创新创业学院以及一些负责创新创业教学的部门的年终业绩考核中。而教务处也应当着力打造创新创业精品课程，实现线上线下联合发声。将高校创新创业教育办得更有活力，更加贴近学生，让学生在校园内学到的知识能运用到真正的社会实践和创业中去。

当然，只有建立了标准化的规范体系才能有效避免有关部门随意、盲目制定指标评价标准。例如，通过建立探索性的高校相关协会组织来开展创新创业教育评价，建立既具有独立性又具有权威性的第三方专家评审机制体系，只有把创新创业教育中的问题解决好，才能更好地推动其发展。

第六章 "互联网+"视阈下大学生创新创业能力的培养

其次，一般高校内部以及一些合作企业由于身份原因对创新创业的评价还处于不痛不痒阶段，不能将问题真实地呈现出来。同时，将评价标准向长效化、常态化转变，并在评价过程中提高学生的话语权。同时，评价内容不仅仅局限于创新创业计划书、竞赛奖项、创业公司等客观标准方面，更应该重视学生的主观感受和主观体验。

最后，高校应当加大对"互联网+"视域下创新创业教育教师的引导，使其通过参与创新创业实践、实训等形式加入教师创新创业科研团队，对于教师在团队中的优良表现及时给予认可和表扬，以此促使教师积极主动地投入创新创业教育的实践中。

第七章 "互联网+"视阈下大学生创新创业教育的发展

在"互联网+"时代全面到来的当下，如何对大学生进行创新创业教育是各高校在准备就业指导工作时需要重点考虑的内容。对大学生进行创新创业教育，其教学目标是全面提升大学生的核心竞争力，使大学生勇敢迈出校园，提前适应残酷的社会竞争，从而实现自我的价值追求。本章分为大学生创新创业教育的域外经验和"互联网+"视阈下大学生创新创业教育的发展对策两部分。

第一节 大学生创新创业教育的域外经验

一、美国大学生创新创业教育的经验

(一)美国大学生创新创业教育特色

美国大学生创新创业教育已经进入成熟阶段，在创新创业政策体系、创新创业教育体系、创新创业氛围方面形成了自己的特色。

1. 完备的创新创业政策

完备的创新创业政策得益于两方面：首先，政府为大学生创新创业提供了丰富的融资渠道和资金保障，降低了创业风险。创业型企业需要大量资金支持，美国政府充分发挥引导作用，在拓宽融资渠道方面调动社会力量：一是推出政府专项资金满足创业所需；二是颁布减免利息等政策，鼓励银行和社会资本分别为小企业提供贷款和风险投资。其次，美国政府在创业培训、法律保护等方面为大

第七章 "互联网+"视阈下大学生创新创业教育的发展

学生创新创业提供了政策保障。美国政府设立了非营利性创业辅导机构,邀请成功创业者为大学生提供创业政策、知识产权等方面的创业指导和创业咨询。在法律方面,《美国破产法》规定,濒临倒闭的企业可以向法院提交破产申请,符合条件的企业能够得到4个月的保护期,免于偿还债务,这一规定为企业提供了起死回生的机会。在知识产权方面,法律明确提出高校可以拥有政府资助的研究成果,并且鼓励政府、高校、企业开展科学研究和商务合作。

2. 完善的创新创业教育体系

美国大学生创新创业教育体系的构建主要围绕组织机构、师资队伍、课程设置三方面。大多数美国高校有专门从事创新创业教育的中心,负责发布资讯、组织创业大赛、开展研讨会、组织创新创业教学。例如,百森商学院的布莱克创业中心主要为全校学生提供创新创业课程;哈佛大学商学院的阿瑟·罗克创业中心属于综合性中心,具备教学和服务等职能。这些组织的设立在教师培训、课程开发、创业实践等方面起到了重要作用。

美国通过引入校外企业家、开展教师创业培训、提供创业实践机会等方式,提高师资队伍的理论和实践能力。创新创业教育课程是提高大学生创新能力和创业素养的关键环节,美国的创新创业课程具有精细化和专业化特点,具体分为三大类:一是通识课,围绕学生职业兴趣,启发创新创业意识;二是学科课程,围绕不同学科特性,开展创新创业教育,培养创新思维和创业能力;三是活动课程,即教室之外的论坛、沙龙、比赛等,比如创业大赛能够有效检验课堂教学成果,为学生开展创业实践提供平台。

3. 良好的创新创业氛围

作为一个典型的移民国家,美国开放包容的文化为创新创业奠定了基础。美国的创新创业政策为大学生开展自主创业提供了条件保障,社会普遍支持大学生创业。美国政府大力支持高校学生创业,创办企业手续简单,各类非营利和营利的创业辅导机构能够解决资金、法律、商务等与创业相关的问题。家庭和高校都鼓励并支持大学生创新创业,大学生休学创业非常便利。

美国高校和企业在实习、就业、科研、创新创业方面深入而广泛地开展合作。高校举办创新创业大赛时,通常会邀请政府官员或知名企业参加,为学生提供政策引导和专业指导,比赛获胜者还可能获得校友的风险投资。为了更好地集聚社会和政府资源,美国高校设立了科技园。以最早设立的斯坦福大学为例,其科技园为初创企业的师生提供融资、政策咨询、免费场地等服务。

（二）美国大学生创新创业教育的经验

1. 加大政策资金扶持力度，建立容错机制

目前，我国大学生在创业期间遇到的主要问题是资金缺口较大和商业风险较高，且大学生无力承担。为了刺激就业，鼓励创新创业，中央和地方政府都出台了相关政策，为大学生创业提供小额贷款。国内不同地区由于经济发展的差异，小额贷款金额不一，在5万到30万左右，申请手续烦琐，并且资金下达速度较慢。针对上述现象，结合美国政府的成功经验，建议加大政策资金的扶持力度，建立容错机制。

具体来说，政府层面应提供相应的政策保障，拓宽融资渠道，简化审批手续，鼓励社会资本和成功企业家参与，多渠道为创业大学生解决资金问题。大学生创业过程中，除了资金外，还面临多重商业风险，包括创业前的人才不足、创业中的技术瓶颈、创业后期的破产风险等。政府应建立容错机制，鼓励大学生结合实际不断创新，尤其是针对创业失败的中小企业，能够给予一定的保险保障机制，鼓励二次创业。

2. 加强创新创业导师建设，健全创新创业课程体系

基于美国高校的经验，培养创新创业人才，需要加强创新创业导师队伍建设。第一，坚持多元化人员构成，增强师资队伍的实操能力。一方面，开展创新创业教学培训和交流，丰富教师的教学和实践经验；另一方面，引进有创业经验的企业家，扩充导师队伍。第二，制定激励机制，鼓励教师创新，发挥教师在创新创业教育中的作用，促进形成师生广泛参与创新创业教育的实践格局。要健全创新创业课程体系，应围绕社会需求和学生特点调整课程，激发大学生的创新意识，提升其创业能力。面对全校学生，立足本校定位，结合地方经济发展方向，开设有特色的创新创业通识课程，普及创新知识，锻炼创新思维。对于有志于创业的同学，开展跨学科的创新创业教育和开设专门的创业管理课程，提高创业项目的成功率。

3. 营造良好的创新创业氛围，加强政府、高校、企业三方联动

根据美国的成功经验，营造良好的创新创业氛围比打造一两个成功的大学生企业家更重要，因为环境能够激发学生的创新热情和创业意识。结合我国的现状，加强政府、高校、企业三方联动，形成"政府支持、学校主导、企业参与"的创新创业平台是关键，从而吸引大量师生投入创新创业教育中。作为主导，高校需协同校内外资源，把校内创业园、企业实践基地、当地政府部门组成协同网络，链接政府、高校、企业，形成合力。创新创业教育是系统工程，需要多方合作。首先，政府要在全社会提倡创新创业教育，通过舆论宣传等手段营造创新创业氛围。其次，高校要重视创新创业教育，通过树立创业典型引导教师和学生积极参与课堂教学和社会实践。最后，企业要积极参与高校的创新创业教育，充分利用自身的资金、技术、经验优势支持大学生创业。

二、英国大学生创新创业教育的经验

（一）英国大学生创新创业教育的特点

1. 政府支持、社会参与

（1）政府支持

一是成立创新创业专职机构。为管理和实施创新创业教育，英国政府先后成立英国科技创业中心、全国大学生创业委员会和英国高等教育质量保障局等机构，其主要任务是搭建高等院校和企业之间的桥梁，为大学生进行创业辅导，提供创业项目支持。二是资金保障。英国政府在创新创业教育领域投入了大量资金。

（2）社会参与

英国创业教育者协会的主要职责是支持英国高校通过开设创新创业相关课程和课程以外的各项活动来开发、实施创业素质和创业实践教育，它是全球领先的创新创业教育推动组织，拥有英国103个会员单位，覆盖英国75%的高等院校；金融服务技能委员会是英国政府认可的行业技能组织，为企业和商业提供支持，它的核心服务包括标准设置、质量保证、研究开发和传授创新技能。

2. 完善的创新创业课程体系

（1）创新创业课程实施和学习模式的多元化

在英国许多大学的创新创业课程由于阶段不同和类型不同，采用的学习方式也不同。如在创新行动力意识阶段主要通过邀请嘉宾进行创业演讲鼓励学生，开展基于场景的模拟训练；培养创新创业思维阶段主要以小组为单位，进行体验式学习；培养创新创业能力阶段主要是通过项目工作为学习者提供亲自动手的实践活动，同时也能与潜在客户等外部利益相关者进行互动，从而扩展团队和学习者的认识。

（2）创新创业教育课程评价体系的成熟化

高等教育质量保障局（QAA）出台了国家级质量保证纲领，邀请第三方专家对高等院校进行评价，可以通过观察、访谈、问卷等方法实现。

3. 丰富多样的创业实践平台

一般来说，大学内部都建设了创新创业孵化器、科技园、创业协会、创业中心以及各类创业俱乐部等，为学生提供完善的创业实践平台。英国许多大学都建立了科技园，为创业学生提供创业实践学习平台，共有100多个科技园，占全国科技园的四分之一，如牛津大学科技园在实践教学中发挥着重要作用。英国企业孵化中心成立于1998年，为高校大学生搭建了创新创业咨询和实践平台。

（二）英国大学生创新创业教育的经验

1. 构建政府支持、全社会参与的合作机制

我国创新创业教育管理体制机制尚不完善，比较薄弱。2011年教育部在本科院校启动创新创业基础教育，2015年我国正式把创新创业教育纳入国民教育体系，国家出台了一系列创新创业新政策，但创新创业政策、管理与组织机构都以高等院校领域为主，专门研究创新创业的机构较少，社会企业和行业协会等社会力量参与创新创业教育的范围、广度和深度尚不能满足学生的创新创业需求。政府在创新创业教育领域投入的资金不足，无法满足各层次人员的就业创业需求。

因此，我国要加大资金投入，优化创新创业合作机制，建立政府支持、全社会参与的创新创业生态体系。成立专门的创新创业教育管理机构，同时通过政府、学校和各级社会组织等之间的交流合作，为学生创新创业提供更多的实践平台和经费支持。

2. 构建以就业及创业精神为核心的课程体系

英国将创新创业教育融入教育的各个阶段，英国中小学通过项目式的学习来开展创新创业教育，在实践中培养学生解决实际问题的能力和创新精神。主要从创新行动力意识、创新创业思维和创新创业能力等三个方面进行培养，旨在培养面向未来的创新型人才——他们具有创新精神，可以推动经济社会的发展。

因此，我国要构建以就业及创业精神为核心的课程体系，进一步完善第三方评估机制，通过构建完善的课程体系，实现课程与课外活动相结合，让学生在创新创业实践中学习，激发学生的创新潜力，培养具有创新精神的人才。高质量

第七章 "互联网+"视阈下大学生创新创业教育的发展

的创新创业教育要建立严格的第三方评估机制,不仅考量学校的创新创业活动数量,还考察学校如何实施创新创业过程,并重视质量评估,跟踪学生创新创业技能的发展水平。

3. 打造具有创业实践经验的专兼职教师队伍

在英国从事创新创业教育的教师大多数都有自己的企业。因此,我国要在体制机制上进一步创新,打造一支具有创业实践经验的专兼职教师队伍。一是要从政策上进一步创新和突破,允许教师在职创办企业,积累创业实践经验。二是邀请企业家进入学校任教,组建一支具有企业家、社会组织机构和创新创业专家的专兼职教师队伍,为学生开展课堂内外的创新创业学习提供指导、帮助和支持。

4. 建设创新创业教育实践平台

在我国许多高校还存在创新创业理论与实践脱节的现象。2016年国内大学生成功创业的比例仅为2%左右,与英国高校大学生20%—30%的创业成功率相比,有很大差距。为此,要采取如下举措。一是举办各类创新创业大赛,推行创新创业实践教育。各级学校可以根据实际情况定期举办竞赛,鼓励学生积极参与创业实践活动。二是建设创新创业孵化器,为学生搭建创新创业平台,为学生创新提供创客工作坊,为学生创业提供众创空间。三是搭建创新创业云平台,共享创新创业资源,为学生创新创业教育实践提供方便。

三、日本大学生创新创业教育的经验

(一)日本大学生创新创业教育的特点

日本大学生创新创业教育的发展几乎与英国同步,起始于20世纪60年代,经历了萌芽期、初创期、发展期和成型期四个阶段:萌芽期,日本教育与职业规划进行了初步接轨,但该类课程并未大受欢迎;初创期,日本高校提出创业家人才计划,并相继实行"企业见习制度",但效果比不上企业内部的员工专项培训;发展期,日本正式进入创新创业教育理念导入阶段,在政府政策的保障下开始被广大学生接受;成型期,日本创新创业教育独具特色的"官产学"模式逐渐成形。

1. 官、产、学协同的特色模式

官、产、学协同模式是日本创新创业教育的特色之一,为创新创业教育的繁荣与发展奠定了良好的基础。"官",即政府为创新创业教育提供政策扶持和保障;"产",即企业为创新创业教育提供资金与技术支持;"学",即高校协同中小

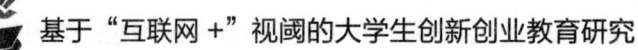

学校发挥创新创业教育主体作用。在这种教育模式中，政府占据了主导地位，而社会和高校则起到了辅助支撑的作用。政府出台了一系列法律法规作为制度保障，如通过建立"中小企业金融公库"和"国民金融公库"来发放创新创业贷款，制定财税优惠政策，并投资设立中介机构，助力企业与高校之间的合作。

企业为培养创新人才、转化创业成果等方面提供资金、技术支持以及实习机会。

2. 以兼职教师为主的师资配备

在创新创业教育的师资配备方面，日本同样采用专兼结合的方式，但与美国、英国不同的是，日本着重选聘兼职教师，对于选聘与培养专职教师的重视程度不如选聘实战经验丰富的兼职教师。同时，日本各界大力支持高校教师和学生团队的创新创业实践。在教师培训方面，日本高校除日常培训外，还经常召开教师交流会或座谈会，通过讨论、思想碰撞等方式，不断提高教师的创新创业能力与教学水平。

3. 因材施教的分类培养模式

日本高校的创新创业教育系统是在分类培养的基础上建立起来的，即高校依据个体创新创业行为需要具备的素质，结合高校自身的资源以及所在区域的经济特点，分类、分科目地培养特长型人才。例如，横滨国立大学更注重培养学生的创新创业思维能力与科研精神，在教学过程中将学生的思维启发和自豪感、使命感的激发放在首位；庆应义塾大学则更注重培养学生的创新创业实践技能，在校企联动方面得心应手，能够为学生提供更多的实践机会与资源支持；立命馆大学则更致力于加深学生对创新创业行为的认同感，并着重培养学生的商业分析能力。

4. 独具特色的创新创业道场活动

创新创业道场活动是日本高校开创的极具本土特色的创新创业教育模式。创新创业道场活动由东京大学发起，包括创新创业计划竞赛、知识巡讲和成功人士访谈等一系列活动。创新创业计划竞赛是指让学生模拟创新创业的过程，进而培养竞争意识；而创新创业知识巡讲和成功人士访谈则是由政府遴选成功的创新创业者指导学生，旨在提高学生的创新创业实践能力。

（二）日本大学生创新创业教育的经验

1. 建立完善的政策体系，助力创新创业教育

为了提高本国的创新能力，日本政府投入了大量的资金、人才来支持大学生

第七章 "互联网+"视阈下大学生创新创业教育的发展

创新创业。2003年以来，政府出台了一系列相关的政策法规来扶持大学生创新创业教育事业，同时，日本政府在资金方面也为大学生创新创业提供了良好的环境。一方面完善了创业融资制度、信用保证、资金来源渠道等方面的建设，另一方面，充分利用政府的专项基金来为大学生的创新创业提供支撑保障。

2. 重视大学生创新意识的培养，拓宽创新创业教育渠道

一直以来，日本各阶层都非常重视对高校创新创业教育的探究和投入。首先，在日本学术界早已建成独具本国特色的创新创业理论研究体系，这为高校创业型人才的培养提供了强有力的理论支撑。其次，日本政府始终注重各个教育阶段的创新创业教育，强调全民创新意识从小培养，为高校大学生创新创业能力的培养奠定了扎实的基础。最后，日本高校不断对创新创业教育方式进行改进和革新，加强与企业的合作，通过创办各类创业培训班、开展创业指导讲座和创业竞赛等形式激发大学生的创业热情，同时也为大学生创业提供了更多的机会。

第二节 "互联网+"视阈下大学生创新创业教育的发展对策

一、完善大学生创新创业政策

（一）注重社会问题的获取途径

1. 溯源突发事件的影响

"互联网+"视阈下，我国大学生创新创业政策的问题流虽呈现出渐进显化和加深的特点，但部分复杂的问题仅靠指标和反馈并不能凸显，这时需要一些类似于危机变化或流行符号的推动力来促使社会公众及政府决策者关注。2020年"新冠"疫情的全球蔓延使得经济全球化陷于停滞，传统实体经济和外贸经济发展陷入低谷。溯源国际重大突发事件带来的社会经济影响，结合大学生创新创业的现实情况，能合理规划政策的发展路径。

（1）大力发展"数字经济"

由于"数字经济"具有不容易受到疫情扩散影响的特性，其得到了快速而长效的发展。在此情形下，政府应发挥大学生的数字技能，全力引导大学生转向信息行业就业发展，采取措施鼓励大学毕业生通过网络平台自主择业与创业，保持就业创业热潮。

此外,"新冠"疫情在一定程度上刺激了网络信息的快速发展,国务院及相关部门已开始为高校毕业生提供线上的就业创业指导服务,大学生创业网络服务平台的搭建现已成为健全创业与创新服务体系的必要途径:第一,各级政府要重视政策的数据收集与分析,设立专门的网络服务平台按时分享,确保大学生创业者有效接收真实可靠的创业资讯;第二,调配和协同中央和地方的各类教育资源,运用网络技术及信息化教学方式,开发并共享一批线上创新创业课程或讲座视频,为学生营造随时听课、学习的良好创新创业教育环境。

(2)注重时政经济背景

大学生作为未来创新创业的主力军,与政治经济社会的发展密切相关。政府在问题流发掘的过程中要注重时政经济背景,将大学生创新创业活动与"一带一路"倡议紧密结合起来,为我国高校毕业生创新创业提供良好的政策环境和经济支持,以出台资金补贴等各项扶持政策的方式积极减轻学生的就业压力。

2. 完善问题流反馈机制

反馈渠道是反映指标和信息变化,从而发现问题引起决策者注意的重要环节。其中,政策反馈机构是每项政策实施效果的检测与评估载体。大学生作为创新创业政策制定者关注的重点群体,他们的反馈更具有典型性和针对性,是检验政策内容是否科学、政策执行是否高效的关键因素。

(1)设立政策反馈中心

在各高校或各高校创业孵化基地设立科学完善的政策反馈中心,加强大学生群体与政策制定者之间的沟通和交流,听取政策受益者对政策议程的看法和建议,这能帮助政策制定者直观了解到大学生群体的所观所想,清晰认识到已有政策的不足之处,进而对后续大学生创新创业政策的改进和完善有一个清晰的方向。

(2)及时公示反馈结果

根据新时代政府部门"政务公开"的基本要求,政府应将沟通和反馈的结果及未来拟定政策的方向进行公示,促进公民群体与政策制定者之间的合作,提升政策内容的可行性,以在政策执行的过程中得到各类群体的理解与支持,推进后续政策的落地和执行。

第七章 "互联网+"视阈下大学生创新创业教育的发展

（二）加强政策共同体内部的资源协同

1. 发挥中央政府的领导调配作用

中央政府作为大学生创新创业政策的官方发布者，其对资源的分配和协调是一个复杂而系统的过程。

（1）要发挥好领导和调配的作用

根据各部委和地方之间的权责，统筹规划资源调配方案，调整权力划分和利益布局，增强内部的协同和交流，为大学生创新创业营造良好的政策环境，加速内部"软化"进程。

（2）各部门决策者之间要加强横向联系和沟通

教育部、人社部需联合科技部、财政部进行合理的工作调配与信息资源的共享，确保人力资源、教育资源与科技资源的有效投入，促进科学、全面的政策措施稳步出台，全力保障大学生创新创业。

2. 重视政府与高校的协同配合

高校是大学生开展创新创业活动的主要场地，是搭建政—企—校三方平台的关键承载者。"互联网+"视阈下，政府决策者应发挥政策制定的顶层设计功能，重视与高校的协同配合，通过构建交流平台、建设实践基地等资源分配方式拓展创新创业人才培养新方法；同时全力支持高校师资力量建设，通过专业、综合的创新创业系统培训，进一步提高教育者的水平。

（三）注重政治系统环境的开放性

1. 重视社会舆情与民意反馈

"互联网+"视阈下，在多源流理论中，社会舆情与民意也是影响政治源流的关键因素之一，随着民主理念的不断发展，政策的完善与发展需要更加注重社会舆情。如何增强社会民意在政治源流中的影响力是我国政府决策者所要考虑的重要问题。

（1）扩大高校工作者、大学生群体作为人大代表的比例

现阶段，民意主要通过人大代表和政协委员在"两会"中的商讨和建议进入中央政策制定者的视线之中。作为政策相关的直接利益群体，他们往往能从政策受益者的角度出发深度考虑问题。扩大高校工作者及大学生群体的两会代表比例，能直接推动大学生创新创业政策向更科学合理的方向发展。

（2）建立民意反馈机制

较为独立的民意反馈机制能建立起民众与政策制定者之间的沟通桥梁，既有利于政策制定者及时了解民众意愿，出台符合大众价值观的创新创业政策，又有利于公众提前了解政策制定的方向和侧重内容，提出可行的建议和方法。

2. 弘扬创业文化精神

良好的社会创业文化能激发大学生的创新创业兴趣，从而投入创业大军中。近些年，由于大学生创新创业实践得到了广泛而有效的推广，我国大学生创业氛围已经初步形成，但大众对大学生创业还不是很了解，社会领域还未形成高度统一的创新创业文化，这将会严重影响大学生的创业意愿。因而相关政府部门应将创业软环境建设放到与硬性条件建设同等的位置，不仅要营造良好的全民创新创业氛围，还应进一步宣传和弘扬创新创业精神，建立政府鼓励、社会支持的长效创新创业文化。

（1）发挥大众媒体的舆论引导作用

大众媒体具有传播迅速的强大优势。政府及相关社会组织可通过举办大学生创业比赛、开展访谈节目的方式向大众普及创业知识，通过提高社会认可度的方式激发大学生的内在创业动机。与此同时，还可通过当代社会所流行的微信、抖音等热门网络媒体手段进行普及化宣传，使大学生创新创业与公众的日常生活的融合度更高。

（2）加强政策宣传的广度和深度

在"双创"政策的号召之下，地方政府及部门、高等院校等先后出台了多项针对性措施，全力支持大学生创新创业。但由于政策的宣传存在一定问题，政策普惠度成效不明显。

因此，在政策宣传方面，政府应高度重视政策精神的传递，并详细完整地对政策内容及适用性进行深度呈现，可采用新媒体推送、网络广告传输等方式，务必使政策受益者明晰每一项优惠政策。同时邀请创业成功的大学生创业者通过讲座、交流会等方式分享创业的成功经验，提高大众的关注度。

（四）促进政策之窗开启的持久性和迅速性

1. 保障政策之窗开启长效

为大学生创新创业政策的实施建立完善的保障与服务机制能有效降低大学生创业过程中的风险，并大幅度激发大学生的创新创业意愿，这是保障大学生创

第七章 "互联网+"视阈下大学生创新创业教育的发展

新创业政策发展路径正确、科学的关键因素,也是保障政策之窗开启长效的重要条件。

第一,将创业流程合法化。大学生创业立法应紧密结合大学生创业群体的特点,将各项政策和流程合法化,完善包括教育、人事、工商、税收、科技等在内的法规和条例,使大学生在创业过程中有章可循。

第二,政府要建立完善的各级大学生创业服务机构,统筹和调控创业服务的供给与需求,确保大学生创业过程的持续性和有效性。通过政策引导和资金支持建立中介服务机构,聘请专业人士组成顾问专家团体,为创新创业者提供政治、金融、管理等方面的专业服务与咨询,减少大学生创业者在创业初期所面临的专业限制以及创业中后期存在的资金链中断、经营管理不善、市场定位出现偏离等问题,形成多元主体之间资源协同与共享的创业服务供给体系。

第三,建立成熟的创业退出机制,在大学生创业过程中,若遇到突发情况或者无法解决的困难而面临创业终止或失败的情形时,各级政府应采取措施通过号召与支持的方式,帮助创业者度过风险与难关,并保证每个环节都有相关政策及法律的支撑,使创业者的活动完全处于保障和服务机制之下,解决创业者的后顾之忧。

2. 促进政策企业家激活"软化"

"互联网+"视阈下,政策企业家的"软化"在开启政策之窗的进程中具有重要作用。除去政治领导人及杰出企业家的影响力和号召力之外,重视利益相关者的政策建议,协同发挥政策共同体的内部作用,也能激活政策软化的过程,促进政策之窗快速而持久地开启。

第一,重视高校专家学者的意见。在大学生创业政策共同体中,高校的专家学者属于大学生创新创业的主要利益相关集团和专业权威集团,民主、开放的学术氛围使得他们提出的政策建议及备选方案较为独立,往往更为专业、更具可行性。同时,他们也可以利用自身的权威效应轻易软化群众和政策共同体内的其他成员,推动备选方案提上政策议程。

第二,政府应联合政策制定的相关部门定期召开商议会,邀请专业领域学者共同商讨,对接大学生创新创业的真正政策需求,针对政策制定过程中出现的问题及时调整与优化,精准把握大学生创业政策的科学导向,制定切合大学生创新创业实际的相关政策。

二、系统化建设创新创业教育管理机构

（一）明确专门的管理机构

"互联网+"视阈下，管理机构在创新创业教育中的重要性是非常明显的，但是鉴于高校当下的管理机构不够明确，尤其是二级院系没有相关的机构设置，使得部分院系学生创业无门，有了问题得不到解决，创业进程一度滞缓。因此，高校要快速地建立起管理机构，明确其责任归属，负责各自所对应的管理区域，配备一系列的激励制度来让学生树立创新创业意识，激发创新创业激情，进而推动这项工程的发展。

（二）建设完善的管理体系

管理体系中最重要的就是课程体系的建设，高校要学会把创新创业教育、实践教育和专业教育三类课程精炼简化，达到教材全面、课程资源丰富、活动多样有趣的程度，以满足学生多方面的要求。

"互联网+"视阈下的双创教育要注意理论教授与实践教学，做到专业教育和双创教育融通，两个教育要同向同行。并就双创教育的基础课、实践课以及双创教育与专业教育的协作，提出具体的操作方法。各高校要建设双创教育的课程群，有规划地开设必修课和选修课，要开发适合学生的教材，要与企业合作开发双创实务参考书，要开发线上资源，建设双创教育的在线课程，要注意结合不同专业特点因材施教。

（三）各部门分工合作提高管理效率

"互联网+"视阈下，各部门的职能分工是必要的，各司其职是创新创业教育管理工作保证成效的关键，明确了专门的创新创业教育管理机构之后，就需要对各个部门各个岗位的要求标准进行定量定性的制定，同时鼓励大家相互协作，优势互补。

1. 树理念

要树立整体观念，各部门应该以学校整体利益为先，做事情站在学校角度考虑，当小我与大我、部门与学校的利益发生冲突时要以学校的大局为重。

第七章 "互联网+"视阈下大学生创新创业教育的发展

2.建机制

各个部门要制定职责清单，明确责任范围，各负其责，密切协作，使学校内部的创新创业教育管理机制快速有效运行。

3.多沟通

学校建立线上、线下、正式、非正式的多层次沟通渠道，互相交流信息，共享资源，掌握情况，共同高效完成任务。

通过一系列措施使双创教育人员的水平得到提高，从而提高整个学校双创教育管理的效率。

三、精细化建设创新创业教育管理制度

"互联网+"视阈下的双创教育管理工作是一项复杂的整体性工作，对于创新创业教育的质量标准、实践活动的监督管理、评价体系建设等必须统筹规划，构建合理有效的创新创业教育体系，针对内部配套制度进行综合改革。

一要结合学校实际和社会需求，针对专业特色完善教学设计和实践活动，提高学生的创新能力和教育的质量。

二要通过对竞赛、活动的宣传、监督和管理，提高学生参加双创教育的积极性，保障企业、学校、学生等各方的权利。

三要建立科学合理的评价体系。各方合力协作，各项工作内容紧密结合，促使创新创业教育形成一个良性循环，科学评价学生创新创业的每个阶段和每个环节。

四、加强创新创业教育与专业教育的融合

（一）加强顶层设计

1.政府宏观规划设计

"互联网+"视阈下创新创业教育与专业教育的融合立足于政府、企业和学校三大主体，首先就是要做好顶层设计，促进认知融合。政府作为促进区域发展的行政机关，其决策部署都影响区域教育事业发展的走向，同时影响相关政策的落实与调整。同时地方政府作为区域社会资源的管理者，可以根据地方具体的发展情况，制定有助于学生创新创业的鼓励政策，提供政策扶持和资金保障，减少创业风险，构建良好的创新创业环境。

2. 校企共建融合环境

企业是创新创业教育的监督者，企业应该根据"互联网+"发展现状和行业发展方向，依据行业内部要求，与教育管理部门合作，制定行业标准，促进技术推广。各学校应根据不同行业标准制定各专业人才培养方案，促进二者在培养目标和课程内容方面进一步实现融合。同时调动企业的积极性，与学校协同开展创新创业教育，提高学生的创业能力。

3. 学校保障融合进程

学校作为专业教育的实施主体，要明确创新创业教育与专业教育二者之间关系，把握好二者融合的内涵和原则。将专业教育作为开展创新创业教育的有效途径，脱离专业教育的创新创业教育也就脱离了学校开展创新创业教育的宗旨，不能够为社会发展提供创新型人才。所以，要从学校的人才培养方案到课程实施、实践训练全面体现二者融合的理念，这样有助于提升教师和学生对"互联网+"视阈下创新创业教育的重视程度。同样学生的努力和配合也可以为"互联网+"视阈下创新创业教育的顺利开展提供更多力量，让学生有更多的机会去实践操作是培养创新型人才的基础。

（二）促进课程建设融合

课程作为教学工作必不可少的内容，是体现创新创业教育与专业教育融合的重要组成部分，在二者融合的过程中，应高度重视专业课程体系的建设。高等教育是为了培养高素质劳动者和技术技能型人才，课程体系在包含专业课程基础知识的基础上，还应突出实践性和创新性。

1. 课程目标和课程内容相融合

"互联网+"视阈下，要想真正地实现创新创业教育与专业教育的融合，不能单纯从两种教育模式上进行融合，首先需要将二者的教育目标进行结合。创新创业教育侧重培养学生的创新意识、创新思维，旨在培养创新精神、提升创新能力；专业教育注重学生专业技术技能的培养。高校应将人才培养目标进行分级、细化，与其课程目标相适应，结合专业的课程实践，针对不同的专业制定出适合学生职业发展的教学计划，达到提升学生创造性思维和创造力的目的，从而提升学生的创业能力。之后再从教学内容、授课方式、考核方式等方面进行融合。在教学过程中，要体现出学生的创新性和创造性，并根据课程内容的不同，结合当今的教育改革方向，适当调整课堂内容的广度和深度，使学生体验不同的教学过程。

第七章 "互联网+"视阈下大学生创新创业教育的发展

课程内容是实施课堂教学的载体,课程质量是教学质量的体现。融合后的教学内容不单单是将创新创业的概念放进专业教育的课堂教学中,而是应将创新创业的观念融入专业知识课堂教学的每一个环节,在理论知识的讲授中加入创新创业的观念,在实践操作的演示中发挥创新思维和创新能力的优势,既包含创新创业的因素,又体现专业教育的系统性,充分体现创新的意义。高校可以按照社会生产实际和岗位需求设计开发课程,提倡和鼓励开发模块化、系统化的实训课程体系,全面提升学生的实践能力。同时也鼓励教师在工作过程中积极思考,勤于创新,把学术成果与社会实践结合,推动行业创新、技术创新、理念革新。

2. 运用多元化的教学方法和考核方式

一般教师会采用讲授法进行传统教学,在课堂中教师是主要的讲授者。由于许多创新创业课程都是实践性强、创新性强的课程,所以在实践中应抛弃传统的"灌输式"教学,采用多种教学手段和模式,为学生提供更加丰富多样的互联网学习模式。在教学过程中,应该采用多种教学方法并举的方式来进行教学,针对不同的内容采用有针对性的教学方法,保障教学质量,让学生感受多样的教学过程。不仅要在课程教学的各个环节中使用讲授法、演示法等基本的教学方法,还应该广泛采用讨论法、参观法、实习作业法等,激发学生的创新思维,激发他们的学习热情,使他们能够更好地参与到创新性的教学环节之中。

在课程考核上改变知识记忆倾向,转变为能力运用倾向,考核的方式也应从一次测试转变为长期持续的考核方式。强调学生的学习体验感,重点关注学生的学习过程,增加开放性任务的比例,对学生的创新能力和创新思维进行评估,检验学生的学习效果。在课程考核时,减少纯靠单纯的知识记忆就可作答的题目,增加运用创新思维解决问题的题目,积极开展"线上+线下"相结合的考核体系,增强考核环境的真实性和有效性。鼓励学生积极参加课外创新创业实践活动,充分调动学生的积极性,将实践活动的成果作为考核评价的其中一环,作为附加的评分内容。

五、优化高校创新创业教育评价机制

"互联网+"视阈下,高校应该制定有利于提高大学生创新创业能力的评价机制,并且要真正地落实下去,要树立正确的评价观念,要关注过程性的评价结果,要采用多元化的评价方式。

（一）树立正确的评价观念

当前，高校创新创业教育主要以功利主义倾向为评价标准，基本上将获得证书的多少作为衡量标准，评价观念具有较强的功利主义色彩，证书的多少有时并不能反映高校创新创业教育的真实情况，也不能反映学生创新创业能力的真实水平。因此，"互联网+"视阈下，高校应该秉持以人为本理念，从多角度多方面考核学生，转变传统的以功利主义为导向的评价观念。

首先，高校要制定科学的创新创业教育评价标准，树立正确的评价观念，评价要回归到教育本身，坚持以人为本，把落脚点放在对学生创新意识和创业能力的培养上，避免形式上的评价。其次，学生要树立正确的自我评价意识，去除功利主义色彩，把关注点放在提高自身的创新创业能力上。

（二）关注过程性评价结果

高校对学生的评价要重点考察学生的创新能力和实践能力，应该注重对学生创业过程的评价，不能把创业是否成功作为最终的评价结果，要把评价考核的落脚点放在学生的创新创业过程上，关注过程性评价结果。

"互联网+"视阈下，高校应关注过程性评价结果，可以通过以下途径来掌握学生的创业过程情况。第一，设立创业评价反馈平台，合理制定科学的创业评价反馈机制，既可以考核学生的创业情况以及实践能力，又可以帮助教师记录学生在创业过程中的真实情况，将学生遇到的困难与问题进行汇总，并给出一些解决方案，以免学生在遇到相同问题时束手无策，帮助学生积累创业经验。第二，创建评价跟踪调研平台，高校要对那些已经创业的学生进行及时跟踪与调研，了解他们在创业过程中遇到的挑战，便于检验学校创新创业教育的成效，把握创新创业教育的整体情况，为以后学校制定创新创业教育的培养计划提供参考和借鉴。

（三）采用多元化的评价方式

目前，高校创新创业教育对学生的评价方式主要以闭卷考试为主，没有从其他方面进行综合评估，很难准确把握学生创新创业的真实水平，"互联网+"视阈下，高校应该建立多元化的评价方式，丰富考核评价的方式、内容、主体。

参 考 文 献

［1］ 孙凌云. 大学生就业指导与创新创业教育 [M]. 济南：山东人民出版社，2017.

［2］ 王玉斌，张丽. 全球价值链分工与高校创新创业教育研究 [M]. 成都：四川大学出版社，2017.

［3］ 高捷闻，何承芳. 基于"互联网+"背景下高职创新创业型人才培养模式研究 [M]. 合肥：合肥工业大学出版社，2017.

［4］ 裴小倩，严运楼. 高校创新创业教育协同机制研究 [M]. 上海：上海交通大学出版社，2018.

［5］ 范东亚，谭荣. 大学生职业生涯规划与创新创业教育 [M]. 重庆：重庆大学出版社，2019.

［6］ 康海燕. "互联网+"大学生创新创业实践教程 [M]. 北京：北京邮电大学出版社，2019.

［7］ 王爱文. 高校创新创业教育发展动力机制研究 [M]. 广州：中山大学出版社，2021.

［8］ 钟之静. "互联网+"大学生创新创业大赛蓝宝书 [M]. 广州：暨南大学出版社，2020.

［9］ 石燕捷. 大学生创新创业教育新模式研究 [M]. 天津：天津科学技术出版社，2021.

［10］ 盛义保，付彦林. 大学生创新创业教育基础 [M]. 合肥：合肥工业大学出版社，2020.

［11］ 颜廷丽. "互联网+"背景下大学生创新创业能力培养研究 [M]. 北京：北京理工大学出版社，2020.

［12］ 樊增广，张国峰，高云. 转型发展高校创新创业教育的层次维度及其监测评价 [M]. 沈阳：辽宁人民出版社，2020.

［13］曾绍玮，李应.高校创新创业教育探索与实践研究[M].成都：电子科技大学出版社，2021.

［14］刘彬."互联网+"视域下高校大学生创新创业教育策略研究[J].当代教育实践与教学研究，2019（11）：7-8.

［15］刘倩楠."互联网+"时代大学生创新创业教育新模式的构建解析[J].创新创业理论研究与实践，2019，2（20）：135-136.

［16］国俊卿，郭涛."互联网+"背景下大学生创新创业教育的实施策略[J].创新创业理论研究与实践，2020，3（22）：70-72.

［17］樊凡."互联网+"时代大学生创新创业教育新模式[J].大众标准化，2020（18）：82-83.

［18］王珂."互联网+"背景下大学生创新创业教育的挑战、问题与对策[J].长沙航空职业技术学院学报，2020，20（03）：26-30.

［19］李凯歌."互联网+"环境下以"工作室制"为载体的大学生创新创业教育研究[J].文化创新比较研究，2020，4（05）：152-153.